Inhalt

I.	Was hat Selbstachtung mit Entscheidungen zu tun?	3
II.	Das Erlernen der bewussten Selbstachtung	6
III.	Das Bedürfnis nach Anerkennung	8
IV.	Das Bedürfnis nach Selbstanerkennung (Selbstachtung)	10
V.	Wir leben für die Erfüllung unserer Bedürfnisse	11
VI.	Das Herz ist die Stelle, wo sich entscheidet, ob wir glücklich oder unglücklich sind.	16
VII.	Anwenden der Selbstachtung im Alltag	17
VIII.	Sein-Wollen und Sein	18
IX.	Haben-Wollen und Haben	24
X.	Tun-Wollen und Tun	26
XI.	Hemmnisse und ihre Überwindung	33
XII.	Herzensfragen setzen nicht unter Druck	39
XIII.	Achtung vor dem eigenen Erfindungsgeist	42
XIV.	Wie lerne ich mit negativen Gefühlen positiv umzugehen?	46
XV.	Mangelnde Motivation	49
XVI.	Mangelnde Fähigkeiten	54

XVII.	Zeitmangel	60
XVIII.	Kraftmangel	65
XIX.	Geldmangel	68
XX.	Ärger	71
XXI.	Angst	76
XXII.	Unsicherheit	85
XXIII.	Falsche Ansprüche	89
XXIV.	Warum kommt optimale Leistung nicht über Leistungsdenken, sondern über optimale Selbstachtung?	92
XXV.	Maßvolle Erwartungen als Notwendigkeit für erfolgreiches Arbeiten	95
XXVI.	Weitere Veröffentlichungen zum Thema Selbstachtung	97
XXVII.	Dank	110
XXVIII.	Literaturverzeichnis	111

I. Was hat Selbstachtung mit Entscheidungen zu tun?

In aller Kürze: Sich selbst zu achten ist keine Selbstverständlichkeit. Wer von sich behauptet, er habe genug Selbstachtung, der irrt. Denn man kann gar nicht genug davon haben. Nehmen Sie diese Behauptung einfach erst einmal so hin. Sie werden – falls Sie überhaupt an ihrer Richtigkeit zweifeln – später erkennen, worauf sie beruht. Glauben Sie bitte nichts von dem, was Sie hier lesen – sondern prüfen Sie alles vorbehaltlos. Glauben Sie allerdings auch nicht an das, was Sie schon meinen zu wissen über sich selbst. Stellen Sie sich einfach auf den Standpunkt, alles neu kennen lernen zu wollen. Das ist erfrischend und belebt den Geist auf wundersam einfache Weise.

Was heißt achten? Achten sei hier der Sammelbegriff für:

Anerkennen
Würdigen
Akzeptieren
Respektieren
Beachten
Beobachten

und _immer_ das Gegenteil von Verachten.

Entscheidungen treffen wir stets auf der Grundlage unseres Wissens und – hoffentlich – auch auf der Grundlage unseres Gewissens. Wir erwägen die verschiedenen Gesichtspunkte und entscheiden schließlich wohl nach unserem Gefühl, was das Richtige sei. Denn schließlich kann keiner alles wissen und ist jeder darauf angewiesen, ab einem gewissen Grad seinem Gefühl zu vertrauen, was für ihn das Richtige ist. Doch genau da beginnen die Probleme. Denn wovon ist unser Gefühl beeinflusst? Einerseits bestimmt vom aktuellen Wissensstand. Andererseits von unseren Bedürfnissen, Sehnsüchten, Wünschen und Träumen. Und da ist auch noch unsere Biografie, unser Erfahrungsschatz, unsere erbliche Veranlagung. Unwägbare, undurchschaute Faktoren gibt es dabei zu jeder Zeit, immer wieder aufs Neue. Sollten wir daher nicht besser sagen: Wir verzichten darauf, auf unser Gefühl zu hören – und handeln die Dinge lieber rein verstandesmäßig ab?

Dieses Argument ist aus mehreren Gründen von der Hand zu weisen:

Erstens: Das Gefühl ist älter als der Verstand. Das Kind erbringt höchste Lernleistungen ohne Verstand, wie Erwachsene ihn haben. Es denkt nicht und lernt die Orientierung in seiner Welt, lernt laufen, lernt seine Muttersprache – sogar zwei, wenn es die Umstände erfordern. Alles rein gefühlsmäßig! Eine solche Menge in so kurzer Zeit lernt kein Erwachsener.

Zweitens: Das Gefühl erfasst auch Bereiche, die uns verstandesmäßig (noch) nicht zugänglich sind.

Drittens: Das Gefühl entscheidet über Glück und Zufriedenheit. Nur wenn wir uns so <u>fühlen</u>, sind wir es wirklich. Wer sich nur glücklich und zufrieden denkt, ist es noch lange nicht. Mit anderen Worten: Wenn wir auf unser Gefühl achten, erfahren wir immer mehr über uns, als wenn wir nur im Kopf bleiben.

Der Titel dieses Buches spricht von „Herzensfragen". Damit ist bereits etwas Wesentliches gesagt. Das Herz ist das Zentrum, das darüber entscheidet, ob ich glücklich oder unglücklich bin. Das ist durch nichts zu ersetzen.

Also aufs Denken verzichten? Gewiss nicht. Denn wir brauchen es, um uns vom Kopf her auf unsere Gefühle einlassen zu können – und das ist mit Arbeit verbunden. Es macht Arbeit, sich um seine Gefühle zu kümmern, manchmal richtig viel Arbeit! Aber das Ergebnis ist eben, dass ich danach schlauer bin als zuvor. Ich will ja sinnvolle Entscheidungen treffen. Also muss ich begreifen was ich fühle.

Und nun kommt der ganz ENTSCHEIDENDE Punkt: Wenn ich meine Gefühle nicht oder nur teilweise verstehe (was völlig normal ist) oder wenn ich mir (dummerweise) einbilde, meine Gefühle schon gut genug zu kennen, dann bin ich darauf angewiesen mich in einen Zustand zu bringen (und zwar möglichst gezielt) wie ich meine Gefühle BESSER verstehen kann. Leichtsinnigerweise glauben wir, dass wir für das Verstehen von Gefühlen keiner besonderen Voraussetzungen bedürfen – es sei denn, wir haben einmal richtig heftig das Gegenteil erlebt. Tatsache ist, dass wir unsere Gefühle nur verstehen, wenn wir sie erst annehmen – oder anders ausgedrückt:

Anerkennen ist der Beginn
vom wahren Erkennen.

Wir können davon ausgehen: Wir wären sehr viel schlauer, wenn wir diese Tatsache nicht beachten müssten. Warum? Anerkennen ist mühsam. Vor allem wenn es unangenehm ist. Doch in dieser Mühe liegt ein Nutzen, gewissermaßen eine geistige Herausforderung für den Verstand, sich auf etwas genügend einzustellen, was ihm noch nicht ganz zugänglich ist.

Damit ist die Antwort auf die Frage dieses Kapitels gegeben:

Ich brauche die Selbstachtung, um meine Gefühle einzubeziehen bei Entscheidungen – und da sie etwas zu sagen haben, gewinne ich letztendlich durch das Einbeziehen meiner Gefühle in meine Überlegungen mehr Übersicht und kann somit bessere Entscheidungen treffen.

II. Das Erlernen der bewussten Selbstachtung

Jeder Mensch hat von Natur aus Selbstachtung. Er sorgt auch dafür, dass sie gepflegt wird. Kinder suchen sich regelmäßig Anerkennung in ihrer Umgebung. Es handelt sich hierbei um keinen bewussten Vorgang, es geschieht „von alleine", rein gefühlsmäßig sozusagen. Je älter das Kind wird, desto mehr ist es darauf angewiesen, sich seine Selbstachtung zu bewahren durch Eigenlob. Denn es will immer unabhängiger von seiner Umgebung werden. Lernen Kinder nicht rechtzeitig Eigenlob, so büßen sie ihre natürliche Selbstachtung ein, ohne dass an ihre Stelle die bewusste Selbstachtung tritt, um die es in diesem Buch geht. Da bei uns sogar das Sprichwort kursiert „Eigenlob stinkt", ist wohl klar, dass wir ein gestörtes Verhältnis dazu haben, uns selbst etwas anzuerkennen. Achten ist natürlich mehr als Loben – doch wenn es schon am Loben mangelt, ist es mit dem Achten noch schwieriger.

Warum soll Eigenlob stinken? Wer erfand diese abfällige Redensart, und mit welchem Zweck? Prahlerei stinkt, aber Eigenlob? Wir brauchen es, um unser natürliches Bedürfnis nach Anerkennung zu erfüllen. Sonst sind wir ewig abhängig vom Lob der Anderen. Wozu sollten wir das sein? Wer hatte denn solches Interesse an unserer Abhängigkeit, dass er dieses elende Sprichwort unters Volk bringen musste?

Eigenlob ist eine sehr stille Angelegenheit – im Gegensatz zu Prahlerei... Ebenso still verläuft die Selbstachtung.

Bewusste Selbstachtung lernen wir entweder durch gutes Vorbild oder durch Einsicht. Dieses Buch will Einsicht über die Bedeutung der bewussten Selbstachtung schaffen mit dem Ziel, dass dadurch mehr Übersicht und dadurch bessere Entscheidungen möglich werden – für jeden Einzelnen.

Wer sich einmal näher mit der bewussten Selbstachtung befasst hat, der weiß, dass sie bestimmten Gesetzen folgt. Damit wollen wir uns hier beschäftigen. Machen Sie sich klar, dass dabei das logische Verständnis der treibende Motor ist, die Selbstachtung anwenden zu wollen. Je mehr Sie von der Selbstachtung begriffen haben, desto mehr Verlangen werden Sie entwickeln, sie anzuwenden. Allerdings: Je mehr Sie die Selbstachtung anwenden, desto besser wird Ihr Verständnis, wie sie funktioniert. Theorie und Praxis greifen also unmittelbar ineinander. Deshalb sind ab hier jedem Kapitel Übungen angefügt, die Sie unbedingt machen sollten, bevor Sie weiterlesen.

Bei allem behalten wir im Auge, dass von unseren Entscheidungen unser Glück und Unglück abhängt; dass wir umso besser entscheiden können, je mehr Übersicht wir haben; und dass wir unsere Übersicht durch nichts gezielter vergrößern können, als durch die bewusste Selbstachtung.

Deshalb heißt die erste Frage: Wie achte ich meine Selbstachtung? Denn ich will meine vorhandene Selbstachtung schützen. Das tue ich, indem ich sie achte. Die zweite Frage ist: Warum finde ich meine Selbstachtung gut? Ich will ja, dass ich mir immer wieder klar mache, wofür ich die Selbstachtung brauche. Deshalb lesen Sie möglichst jetzt noch einmal von vorne bis hierher. Der logische Einstieg ist absolut unerlässlich. Danach schreiben

Sie Ihre Antworten zu den beiden Fragen auf, genau so, wie Sie es empfinden:

1. Übung:
    1.1.   Wie achte ich meine Selbstachtung?
    1.2.   Warum finde ich meine Selbstachtung gut?

III. Das Bedürfnis nach Anerkennung

Das Bedürfnis nach Anerkennung ist ein ganz besonderes Bedürfnis. Normalerweise ist ein Bedürfnis auf etwas anderes gerichtet: Das Bedürfnis nach Essen – Hunger – ist auf geeignete Nahrung gerichtet. Das Bedürfnis nach Schlaf – Müdigkeit – ist auf körperliche und geistige Ruhe gerichtet. Das Bedürfnis nach Luft – Atem – ist darauf gerichtet, sie in uns zu bewegen und auszutauschen. Das Bedürfnis, Anderen zu helfen – Hilfsbereitschaft – ist darauf gerichtet, dass es ihnen gut geht. Das Bedürfnis nach Erkenntnis – Interesse – ist darauf gerichtet, meine Gedanken an bestimmten Themen oder Dingen weiterzuentwickeln. Das Bedürfnis nach Anerkennung ist hingegen darauf gerichtet, dass es beachtet und akzeptiert wird. Es ist auf sich selbst gerichtet. Ein Bedürfnis, das auf sich selbst gerichtet ist, dessen Objekt des Begehrens es selbst ist? Kann es so etwas geben? Beobachten Sie selbst. Wenn ich Anerkennung für etwas möchte, dann will ich immer, dass mein Bedürfnis danach beachtet wird. Dieses Bedürfnis ist selbst das Objekt seines Begehrens, denn es möchte als solches befriedigt werden, ohne dass es dabei um andere Objekte geht. Diese Tatsache macht das Bedürfnis nach Anerkennung zu etwas Besonderem. Vielleicht ist das einer der Gründe, warum es so vernachlässigt worden ist. Ein anderer Grund ist allerdings gewiss der, dass man damit enorme Macht ausüben kann, wenn man die Menschen lehrt, sie dürften ihr

Bedürfnis nach Anerkennung nicht selbst erfüllen. Denn die Menschen werden dadurch abhängig, die Anerkennung von außen zu bekommen. Sie werden in einem kindlichen Zustand gehalten, vergleiche voriges Kapitel. Wie viele Missstände sind darauf zurückzuführen, dass Menschen ihr Anerkennungsbedürfnis nicht achten – und deshalb Dinge tun, um die Anerkennung von außen zu erhalten? Wer anfängt darüber nachzudenken, dessen Weltbild kann leicht ins Wanken geraten... Vor allem deshalb bekommen wir hier riesige Probleme, weil das Bedürfnis nach Anerkennung, wenn es unterdrückt wird, seine Erfüllung auf Umwegen sucht, die schwer zu durchschauen sind. Da das Bedürfnis nach Anerkennung ein ELEMENTARES Bedürfnis ist, das sich weder ausschalten, noch ignorieren lässt, entfaltet es mit regelmäßiger Sicherheit grausige und grausame Auswüchse, wenn es schlecht behandelt wird. Das Problem ist so alt wie die Geschichte von Kain und Abel. Wer seinem Anerkennungsbedürfnis nicht selbst gerecht wird als Erwachsener, verhält sich zwangsläufig in gewisser Hinsicht wie ein Kind und sucht die Anerkennung von außen mit allen Mitteln. So entstehen Verhaltenszwänge, denen keinesfalls Entscheidungen aus Übersicht zu Grunde liegen, sondern die auf einem persönlichen Mangel beruhen, den der Betreffende sich in der Regel nicht einmal eingestehen kann. Denn wer sein Bedürfnis nach Anerkennung missachtet, der ist wohl kaum bereit und fähig, die Folgen dieser Missachtung anzuschauen.

Aus dem Gesagten geht hervor, dass wir sehr gut daran tun, unser Bedürfnis nach Anerkennung selbst zu achten, statt irgendwelche Dinge zu tun, nur um diese Achtung von außen zu erhalten. Schön ist es, wenn wir uns selbst achten und zusätzlich von außen geachtet werden. Doch auch wenn wir von außen nicht genügend Achtung bekommen, sorgt die Selbstachtung dafür, dass wir unserem Anerkennungsbedürfnis gerecht werden können. Die entscheidende Frage heißt daher: Wie achte ich mein Bedürfnis nach Anerkennung? Warum finde ich das Achten meines Bedürfnisses nach Anerkennung gut? Mit dieser Frage prüfen wir unsere Einstellung zu unserem Anerkennungsbedürfnis und sorgen dafür, dass wir ein positives Verhältnis zu ihm entwickeln. Warum das so wichtig ist, ergibt sich aus diesem Kapitel.

2. Übung:
2.1. Wie achte ich mein Bedürfnis nach Anerkennung?
2.2. Warum finde ich das Achten meines Bedürfnisses nach Anerkennung gut?

Bearbeiten Sie auch diese und die weiteren Fragen schriftlich, um die Antworten festzuhalten. Sie werden sie später wieder brauchen.

IV. Das Bedürfnis nach Selbstanerkennung (Selbstachtung)

Die Auseinandersetzung mit dem Bedürfnis nach Anerkennung führt zu der Frage, wie wir ihm selbst gerecht werden können. Aus der Einsicht, dass es sinnvoll ist, sich sein Anerkennungsbedürfnis gezielt selbst zu erfüllen, erwächst das Verlangen nach Selbstanerkennung. Wie bereits gesagt im Kapitel „Das Erlernen der bewussten Selbstachtung", greifen Theorie und Praxis hier ständig ineinander. Aus dem logischen Verständnis vom Wesen der Selbstachtung entwickeln wir das Verlangen sie anzuwenden. Das ist das Bedürfnis nach Selbstachtung. Wir sollten es hüten und hegen als kostbares Gut, gleich einem Samenkorn, aus dem eine wertvolle Pflanze und später ein ganzer Baum hervorgeht. Deshalb hilft uns hier die Frage: Wie achte ich mein Bedürfnis nach Selbstachtung? Warum finde ich das Achten meines Bedürfnisses nach Selbstachtung gut?

Nehmen Sie sich genügend Zeit, um mit dieser Frage ruhig umzugehen. Stellen Sie sich ein auf etwas, worüber Sie möglicherweise in ihrem ganzen Leben noch nicht nachgedacht hatten. Lassen Sie es zu, Neuland Ihres Geistes zu betreten, indem Sie sich behutsam spürend vorantasten. <u>Fragen Sie sich wohlwollend und geduldig, keinesfalls hart drängend</u>. Es kommt immer auf die Haltung an, die wir unseren Bedürfnissen entgegenbringen. Diese Haltung brauchen wir auch, wenn wir uns Fragen stellen. Machen Sie sich bewusst, dass der Weg das Ziel ist und Sie nur das erreichen werden, was Sie JETZT tun, weil es um die Qualität geht, wie Sie sich selbst begegnen.

3. Übung:
    3.1.   Wie achte ich mein Bedürfnis nach Selbstachtung?
    3.2.   Warum finde ich das Achten meines Bedürfnisses nach Selbstachtung gut?

V. Wir leben für die Erfüllung unserer Bedürfnisse

Sind Sie religiös? Wenn ja, macht nichts. Sind Sie nicht religiös? Macht auch nichts. Woran glauben Sie? An nichts? Das wäre eine hohe gedankliche Leistung, denn wir glauben alle an etwas. Wenn Sie an nichts glauben, haben Sie ihr Denken wirklich sehr unter Kontrolle. Dann glauben Sie an das Nichts – an die Unendlichkeit der Möglichkeiten... denn im Nichts ist alles möglich. Sozusagen auch Gott, also außermaterielle Daseinsformen. Glauben Sie hingegen nur daran, dass alles materiell, physikalisch und chemisch bedingt ist, dann glauben Sie nicht an nichts, sondern an die Materie. Also woran glauben Sie? Beantworten Sie in aller Kürze diese Frage, sie hat großen Einfluss auf Ihr Leben.

4. Übung: Woran glaube ich?

Glauben Sie daran, dass Sie für die Erfüllung ihrer Bedürfnisse leben? Was sind Bedürfnisse? Körperliche Bedürfnisse sind auf mich selbst gerichtet. Soziale Bedürfnisse sind auf andere Menschen gerichtet. Geistige Bedürfnisse sind auf Themen gerichtet. Mit diesen drei Bereichen erfassen wir im Wesentlichen alle Arten von Bedürfnissen. Alle Bedürfnisse haben gemeinsam, dass sie nach ERFÜLLUNG suchen. Wie können wir unsere Bedürfnisse erfüllen? Von der Lösung dieser Frage hängt für jeden einzelnen Menschen sein individuelles Glück und seine persönliche Zufriedenheit ab. Wenn Sie dem nicht zustimmen, brauchen Sie hier nicht weiterzulesen! Ansonsten beantworten Sie die folgende Frage:

5. Übung: Wie kann ich meine Bedürfnisse erfüllen?

Vielleicht sagen Sie: „Ich kann bestimmte Bedürfnisse nicht erfüllen." Das sagen Sie gewiss nicht ohne Grund. Ob Sie es allerdings zu Recht sagen, ist eine andere Frage. Es ist gut, wenn wir uns solche Aussagen verwehren. Es ist besser, wenn wir daran glauben, dass wir alle unsere Bedürfnisse erfüllen können. Zwar nicht sofort, aber auf Dauer. Fragen wir zur Kontrolle:

6. Übung: Wie will ich meine Bedürfnisse erfüllen?

Diese Frage dient dem Zweck, sich nicht selbst zu betrügen, was man alles nicht KÖNNE. Vieles klappt nicht, weil wir es nicht wollen – uns nur einbilden, wir wollten es. Hier ist Ehrlichkeit zu sich selbst gefragt.

Im Idealfall wollen Sie alle ihre Bedürfnisse erfüllen. Ansonsten werden Sie vielleicht daran festhalten zu behaupten, Sie könnten bestimmte ihrer

Bedürfnisse nicht erfüllen. Sind es dann wirklich Ihre Bedürfnisse; oder sind es nur fixe Ideen, die Sie glauben umsetzen zu müssen? Hier fängt es an kompliziert zu werden. Wir merken an diesem Punkt, wo es um das Unterscheiden von tatsächlichen Bedürfnissen und von bloßen Wunschvorstellungen geht, dass wir leicht irritierbar sind. Das ist sehr menschlich. Wir brauchen aber die Fähigkeit, Wunschvorstellungen zu unterscheiden von tatsächlichen Bedürfnissen. Oder anders gesagt: Wunschbedürfnisse entstehen aus Wunschvorstellungen. Lebensbedürfnisse zeigen, was wir wirklich brauchen. Beide Arten von Bedürfnissen nehmen wir als Bedürfnisse wahr. Doch nur wenn wir Sie achten, entwickeln wir die Fähigkeit, sie zu unterscheiden. Denn was passiert dabei? Durch das Achten unserer Wunschbedürfnisse malen wir uns ihre Erfüllung noch stärker aus. Wenn wir uns damit genügend befasst haben, geht uns die Lust an ihnen verloren, sie erschöpfen sich, haben jedoch unsere Fantasie gestärkt. Diese können wir für die Erfüllung unserer Lebensbedürfnisse einsetzen. Hingegen die Lebensbedürfnisse, denen ich meine Achtung entgegenbringe, werden immer deutlicher und greifen früher oder später auf mein Handeln über.

DIE UNTERSCHEIDUNG VON WUNSCHBEDÜRFNISSEN UND LEBENSBEDÜRFNISSEN IST NUR MÖGLICH, WENN WIR SIE GENÜGEND ACHTEN!!! Verbrauchen wir unsere Zeit mit der Erfüllung von Wunschbedürfnissen, so fehlt sie uns bei der Erfüllung unserer Lebensbedürfnisse. Deshalb sollten wir lernen – durch das Achten aller unserer Bedürfnisse – Wunsch– und Lebensbedürfnisse voneinander zu unterscheiden und uns auf dieser Grundlage ausschließlich um die Erfüllung unserer Lebensbedürfnisse zu kümmern.

Bedürfnisse sind gegeben.
Achtung der Bedürfnisse bringen wir bewusst auf.
Dabei lernen wir zu unterscheiden zwischen

Wunschbedürfnissen:	Lebensbedürfnissen:
Sie erschöpfen sich	Sie führen zum Handeln,
in der Vorstellung	das uns befriedigt
und stärken dabei	und bestimmen
unsere Fantasie	unsere Entwicklung

Bedürfnisse haben also ihre Eigendynamik. Hingegen unser Verstand muss lernen diese Dynamik richtig einzuschätzen. Gelingt ihm das nicht, dann verwickeln wir uns durch Fehlentscheidungen in Handlungen, die uns nicht gut tun; die uns zumindest daran hindern das zu tun, was uns wirklich Erfüllung gibt.

Der Dreh- und Angelpunkt ist also das Achten unserer Bedürfnisse!

7. Übung:
 7.1. Wie achte ich meine Bedürfnisse?
 7.2. Warum finde ich das Achten meiner Bedürfnisse gut?
 7.3. Wie achte ich meine Selbstachtung?
 7.4. Warum finde ich meine Selbstachtung gut?

Hier finden Sie die Zusammenfassung der 1. - 6. Übung. Die erste Frage zielt darauf ab, die Selbstachtung auf die Bedürfnisse anzuwenden. Die zweite Frage zielt darauf ab, den Sinn dieser Maßnahme zu prüfen. Die dritte Frage zielt darauf ab, die Selbstachtung als solche zu schützen. Die vierte Frage zielt darauf ab, den Sinn dieser Maßnahme zu prüfen.

Sprechen Sie diese Fragen mehrmals laut hintereinander und versuchen Sie dabei auf ihr Herz zu achten. Dann schreiben Sie auf, was Sie empfinden. Sie werden merken wie wohltuend es ist, all Ihre Bedürfnisse gleichermaßen anzunehmen, um dann aus dieser liebevollen Haltung heraus Vorstellungen davon zu entwickeln, welche Bedürfnisse wohin führen. Es gibt in der Selbstachtung eben keinen Ausschluss von Bedürfnissen, sondern Sie suchen im Annehmen Ihrer Bedürfnisse nach der Entwicklung Ihrer Vorstellungen von dem, was Sie sich wünschen und was Sie brauchen. Je länger Sie das üben, desto mehr werden Sie sich das wünschen, was Sie brauchen.

Wenn wir uns zerrissen oder unschlüssig fühlen, gehen Wünschen und Brauchen in unseren Bedürfnissen auseinander. Dann tun wir andere Dinge als wir wollen, wollen andere Dinge als wir tun und befinden uns dadurch in einem leidvollen Zustand. Wodurch unser Leid bedingt ist, erfahren wir möglicherweise zu diesem Zeitpunkt nicht, weil wir nicht die Kraft dafür haben, es zu erkennen. Schließlich ist Erkennen an Bedingungen geknüpft und nicht gegen eine Gebühr wie die Telefonauskunft möglich. Die wichtigste Bedingung für das Erkennen unserer Bedürfnisse ist das Achten der Bedürfnisse. Erst wenn einem diese Tatsache als Verhaltensgewohnheit in Fleisch und Blut übergegangen ist, löst man sich von der unseligen Einstellung, erst Bescheid wissen zu wollen und dann gegebenenfalls zu achten wie es ist. Es funktioniert genau anders herum: <u>Erst wenn ich die Bedürfnisse, Gefühle usw. achte, kann ich lernen sie zu verstehen.</u>

VI. Das Herz ist die Stelle, wo sich entscheidet, ob wir glücklich oder unglücklich sind.

Achten Sie immer auf ihr Herz. Sie lernen nirgendwo sicherer, was Sie brauchen und was nicht. Warum? Wenn Sie im Kopf zufrieden sind und im Herzen unglücklich, ist das viel schwerer zu verkraften als das Umgekehrte. Und ebenso verhält es sich zwischen Bauch und Herz. Man erträgt so vieles ohne Probleme, solange das Herz nur Ja dazu sagt. Doch sobald das Herz sich verweigert, wird das ganze Leben zur Last.

Doch nur wenn wir die Sprache des Herzens verstehen und auf ihre feinen Signale lernen zu achten, können wir dem Herzen folgen. Die Selbstachtung dient genau diesem Zweck. Sie hilft dem Kopf, sich auf das Herz einzulassen. Denn solange der Kopf das Herz nicht genügend achtet, kann er ihm nicht folgen. Es ist des Verfassers tiefste Überzeugung, dass es Mangel an Selbstachtung ist, der uns so viele Probleme macht, weil wir dadurch unsere Entscheidungen nicht genügend an dem ausrichten, was uns Glück und Zufriedenheit im tieferen Sinne bringt, nicht nur nach Kriterien des Verstandes, dem es doch immer mangelt an dem Vermögen, unsere Bedürfnisse genügend wahrzunehmen. Der Verstand ist aber unser wichtigstes Instrument für das bewusste Unterscheiden. Bezieht er dabei das Herz ein, entscheiden wir im Sinne unseres Glücks. Wofür leben wir sonst?

VII. Anwenden der Selbstachtung im Alltag

Nach dieser Grund legenden Einführung in die Selbstachtung als Gedankenprinzip befinden wir uns nun vor der schönen, doch anspruchsvollen Aufgabe, dieses Prinzip zu verwirklichen im alltäglichen Leben. Dabei stellt sich die Herausforderung ein, die Selbstachtung jeweils auf das anzuwenden, was uns das größte Bedürfnis ist. Es ist naheliegend, sich immer um das größte Bedürfnis vorrangig zu kümmern. Leider ist das theoretisch leicht einsehbar, praktisch jedoch oft schwierig umzusetzen. Grund dieser Schwierigkeit ist das fehlende Unterscheidungsvermögen, welches Bedürfnis das größte ist.

Haben Sie schon einmal überlegt, woran es liegt, wenn Sie unzufrieden sind? In wieviel Fällen konnten Sie feststellen, dass der Grund dieser Unzufriedenheit der ist, dass Sie nicht genau genug wissen was Sie wollen? Es ist viel leichter zu ertragen, sein Ziel ganz klar vor Augen zu haben und dabei mit Widerständen kämpfen zu müssen, als wenn man nicht genau weiß was man überhaupt will, weil man unschlüssig ist, was man gerade braucht, um sich befriedigend zu entscheiden. Denn in letzterem Zustand ist man gelähmt. Man ist unentschlossen, unsicher und dadurch unfähig, sein Handeln gezielt auf das zu lenken, was einem wichtig ist. Dauert der Zustand länger an, kann er einen sogar krank machen. Auf jeden Fall bewirkt er, dass man wenig leistungsfähig ist, und schon gar nicht zukunftsorientiert arbeiten kann. Dadurch wird man unattraktiv.

<u>Die sichere Orientierung im Umgang mit den EIGENEN Bedürfnissen ist die unerlässliche Grundlage dafür, sich gezielt behaupten und in ein wünschenswertes Verhältnis zu seiner Umwelt setzen zu können.</u> Diese Ein-

sicht ist durchaus bei vielen vorhanden. Die Frage ist allerdings, wie sie sich in die Tat umsetzen lässt? Das Werkzeug dazu liefert die Selbstachtung. Die Selbstachtung ist keine Selbstsuggestion, sondern Selbstbefragung. Das ist ein großer Unterschied. Machen Sie sich diesen Unterschied bewusst!

VIII. Sein-Wollen und Sein

Der wesentliche Unterschied zwischen Selbstsuggestion (Selbsteinrede) und Selbstbefragung ist, dass ich mich auf ein Urteil versteife, statt mich gedanklich beweglich zu halten hinsichtlich eines bestimmten Ziels. Wir Menschen scheitern nicht deshalb, weil wir unseren geistigen Horizont weiten, sondern weil wir ihn zu eng lassen oder sogar gezielt eng halten. Fragen, die wir stellen, sind Pforten zu neuen Räumen. Urteile sind eher Wände. Zweifellos können wir nicht ständig alles in Frage stellen, doch letztendlich lebt jede Weiterentwicklung vom Fragen. Will ich also etwas verbessern, nützt es mir nichts, auf meinen Urteilen sitzen zu bleiben. Vielmehr ist es nötig, die richtigen Fragen zu erarbeiten und mir diese dann immer wieder zu stellen, um dadurch im Auge zu behalten, worum es mir geht beziehungsweise gehen sollte. Schließlich ist Entwicklung nicht nur angenehm. Sie verlangt Verwandlung, Lösung von Altem, Ergreifen von Neuem, Besinnung auf das Wesentliche und das Vertrauen, dass man die Veränderung bewältigt. Was ist dabei wichtiger als Übersicht? Wie soll ich sie anders gewinnen als durch Fragen, Fragen nach demjenigen worauf es dabei für mich und unter den bestehenden Gegebenheiten ankommt? Lassen wir uns leiten von unseren Herzensfragen, erfahren wir auf unkomplizierte Weise, wie wir unser Verlangen in Beziehung setzen können zu dem, was wir als gegenwärtige Situation vorfinden. Gerade dadurch entwickeln wir die Visionen, die wir brauchen, um uns unsere Wünsche erfüllen zu können!

Wozu soll ich mir beispielsweise einreden, dass ich gut aussehe? Falls ich Zweifel an meinem Aussehen habe, werden sie nicht wirklich verschwinden durch das Einreden. Und falls diese Zweifel tief sitzen, wird es mir nicht einmal wirklich helfen, wenn ich von Anderen mehrfach gesagt bekomme, ich sähe gut aus. Warum? Weil die Zweifel eine Ursache haben. Solange sie bestehen bleibt, lassen sich meine Zweifel nicht beseitigen.

Über Geschmack kann man ja bekanntlich streiten – endlos. Denn er ist abhängig von subjektiven Neigungen. Ist mein Geschmack anders als mein Aussehen, stehe ich in einem Zwiespalt, den ich nur überwinden kann, indem ich einerseits meinen Geschmack, andererseits mein Aussehen versuche anzunehmen. Dieser Vorgang findet durch die Selbstachtung tagtäglich auf allen Gebieten des Lebens statt – oder bleibt eben aus.

Im Gegensatz zur Selbsteinrede („Ich sehe gut aus!") hilft die Selbstbefragung („Wie sehe ich gut aus?") weiter. Ich mache mir Gedanken, wie ich aussehen <u>möchte</u> und wie ich entsprechend meiner Wünsche aussehen <u>kann</u>. Damit tue ich den ersten Schritt, indem ich konkret überlege, was ich genau will. Trotzdem kann es sein, dass ich meinen Wunsch nicht oder nur teilweise umsetzen kann. Dennoch ist es wichtig, diesen Schritt erst einmal zu tun. Denn in vielen Fällen gibt es Lösungen – die man allerdings nur findet, wenn man sich erst einmal klar macht, was man genau möchte. Kommt man alleine nicht zurecht, kann man sich Hilfe holen. Auf diese Weise schöpft man seine äußeren Möglichkeiten aus.

Doch was ist, wenn ich es trotz aller Anstrengungen nicht schaffe, mit meinem Aussehen zufrieden zu sein; oder wenn ich gerade jemandem nicht gefalle, dem ich unbedingt gefallen will? Hier führt kein Weg vorbei an der Selbstachtung. Ich übe ganz gezielt mein Aussehen anzunehmen. Dabei verfolge ich gleichzeitig zwei Ziele: Meinem Aussehen mehr Achtung entgegenzubringen (die ich mir ja wünsche) und zugleich Anderen mit gutem Beispiel voranzugehen (dass sie mein Aussehen mehr achten). Beides geht Hand in Hand, denn Gedanken wirken immer nach innen und nach außen, in der Ausstrahlung wie im Verhalten. Im Sinne der 7. Übung frage ich beispielsweise:

Wie achte ich mein Bedürfnis, gut auszusehen?
Warum finde ich das Achten meines Bedürfnisses gut auszusehen gut?
Wie achte ich meine Selbstachtung?
Warum finde ich meine Selbstachtung gut?

Damit achte ich mein Bedürfnis, gut auszusehen, und trage dadurch gewiss dazu bei, meine Möglichkeiten auszuschöpfen, dieses Bedürfnis zu erfüllen.

Andererseits konzentriere ich mich darauf, mein Aussehen bewusst anzunehmen. Es ist ja so, dass ich etwas umso besser beeinflussen kann, je mehr ich es annehme. Dieses Erfolgsgeheimnis ist allerdings mit Arbeit verbunden. Sie drückt sich aus in der Frage:

Wie achte ich mein Aussehen?
Warum finde ich das Achten meines Aussehens gut?
Wie achte ich meine Selbstachtung?
Warum finde ich meine Selbstachtung gut?

Vielleicht läuft es einem extrem zuwider, sein Aussehen zu achten. Vielleicht ist man gewöhnt es zu verachten. Gründe dafür findet man immer. Es gibt immer genug Gründe, etwas oder jemanden anzunehmen oder abzulehnen. Die Frage ist allerdings, womit man weiter kommt. Das Vorhandene ist keine Selbstverständlichkeit. Wir neigen dazu, unsere Voraussetzungen als selbstverständlich zu erachten – doch sie sind es nicht. Hier hilft diese Frage weiter – wie gesagt: gegenüber sich selbst wie gegenüber anderen.

An diesem Beispiel wird deutlich, dass es darum geht, mein Sein-Wollen und mein Sein durch Selbstachtung in eine Beziehung zueinander zu setzen, in der ich handlungsfähig bin nach beiden Seiten hin. Also: Wie möchte ich sein? Wie bin ich? Machen Sie sich bewusst, dass echte Handlungsfähigkeit IMMER voraussetzt, sowohl ein Bedürfnis, als auch einen Zustand anzunehmen, selbst wenn diese im krassen Widerspruch zueinander stehen. <u>Wir lernen die Kraft und die Macht der Selbstachtung gerade an Themen kennen, bei denen Zustand und Bedürfnis weit auseinander klaffen.</u> Achte ich mein Bedürfnis nach etwas, so nehme ich ernst, wonach mir zumute ist und kann so mein Wollen lernen zu erfassen. Achte ich den Zustand meines Seins, so suche ich nach Wegen, das Beste daraus zu machen.

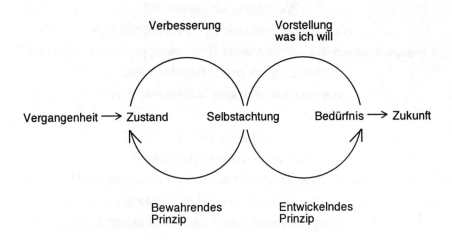

Eine Seite allein zu achten reicht nicht aus. Achte ich nur den Zustand, versäume ich zu klären, was ich damit anfangen will. Achte ich nur mein Bedürfnis, bleibe ich ungewiss, wie ich es unter den gegebenen Umständen erfüllen kann. Zwangsläufig gelangen wir auf diese Weise immer zu einer zweiteiligen Anordnung, ein bewahrendes Prinzip – Achtung des Zustandes – und ein entwickelndes Prinzip – Achtung des Bedürfnisses.

Auf welcher Seite soll ich nun ansetzen, beim Achten meines Bedürfnisses oder beim Achten meines Zustandes? Setzen Sie dort an, wo es Ihnen am meisten entgegen kommt. Sie können auf einer Seite bleiben so lange Sie möchten. Früher oder später werden Sie unweigerlich spüren, dass die andere Seite ruft. Das kann bei verschiedenen Themen ganz unterschiedlich sein.

In jedem Fall gewinnen Sie ein System der Fragen mit einer zweiteiligen Anordnung. Folgen Sie dem Beispiel vom guten Aussehen, wie es vorangehend abgehandelt ist, würde sich folgendes Schema ergeben:

Wie <u>möchte</u> ich aussehen?
Wie achte ich mein <u>Bedürfnis</u> gut auszusehen!
Warum finde ich das Achten meines Bedürfnisses, gut auszusehen gut?
Wie achte ich meine Selbstachtung?
Warum finde ich meine Selbstachtung gut?

Wie <u>sehe</u> ich aus?
Wie achte ich mein <u>Aussehen</u>?
Warum finde ich das Achten meines Aussehens gut?
Wie achte ich meine Selbstachtung?
Warum finde ich meine Selbstachtung gut?

Möchten Sie lieber mit dem zweiten Block beginnen, tun Sie es! Nur gehen Sie gedanklich durch einen Block immer ganz durch, um innere Ruhe und Sicherheit aufzubauen. Sie werden früher oder später merken, dass die Selbstachtung davon am meisten lebt.

Wenn Sie das Frageprinzip vom Sein-Wollen und Sein nun verallgemeinern, so dass Sie verschiedene Themen einsetzen können, gelangen Sie zur

8. Übung:
   8.1. Wie möchte ich sein?
   8.2. Wie achte ich mein Bedürfnis so zu sein?
   8.3. Warum finde ich das Achten meines Bedürfnisses, so zu sein, gut?
   8.4. Wie achte ich meine Selbstachtung?
   8.5. Warum finde ich meine Selbstachtung gut?
   * * * * * * * * * *
   8.6. Wie bin ich?
   8.7. Wie achte ich mein Sein?
   8.8. Warum finde ich das Achten meines Seins gut?
   8.9. Wie achte ich meine Selbstachtung?
   8.10. Warum finde ich meine Selbstachtung gut?

Bevor Sie die Übung machen, schauen Sie sich ruhig noch die beiden folgenden Kapitel an, die sich beschäftigen mit „Haben-Wollen und Haben" sowie „Tun-Wollen und Tun." Dort wird die selbe Abfolge der Fragen verwendet, nur hinsichtlich Haben und Tun. Vielleicht möchten Sie lieber von dort aus ansetzen.

IX. Haben-Wollen und Haben

Nehmen wir das Beispiel Geld. Haben Sie weniger Geld als Sie haben wollen? Dann wäre erst einmal zu klären: Wie viel Geld möchte ich haben? Nun sagen Sie es so wie Sie es empfinden, ob in Zahlen oder Vergleichen ausgedrückt, spielt keine Rolle. Im Beispiel nennen wir diese Menge „genügend", Sie können dort Ihre Werte einsetzen.

>Wie viel Geld möchte ich haben?
>Wie achte ich mein Bedürfnis, genügend Geld zu haben?
>Warum finde ich das Achten meines Bedürfnisses,
>genügend Geld zu haben, gut?
>Wie achte ich meine Selbstachtung?
>Warum finde ich meine Selbstachtung gut?

Dem gegenüber steht die Menge Ihres tatsächlich verfügbaren Geldes.

>Wie viel Geld habe ich?
>Wie achte ich mein Geld?
>Warum finde ich das Achten meines Geldes gut?
>Wie achte ich meine Selbstachtung?
>Warum finde ich meine Selbstachtung gut?

Auch hier ergibt sich ein Schema, das Sie auf andere Dinge anwenden können.

9. Übung:
9.1. Was (wie viel) möchte ich haben?
9.2. Wie achte ich mein Bedürfnis, etwas zu haben?
9.3. Warum finde ich das Achten meines Bedürfnisses, etwas zu haben, gut?
9.4. Wie achte ich meine Selbstachtung?
9.5. Warum finde ich meine Selbstachtung gut?
* * * * * * * * * *
9.6. Was (wie viel) habe ich?
9.7. Wie achte ich was ich habe?
9.8. Warum finde ich das Achten von dem was ich habe gut?
9.9. Wie achte ich meine Selbstachtung?
9.10. Warum finde ich meine Selbstachtung gut?

Wenn Sie die Übungen mit den Fragen bis zum Kapitel „Wir leben für die Erfüllung unserer Bedürfnisse" alle wie empfohlen gemacht hatten, waren Sie an den Punkt gekommen, dasjenige Bedürfnis herauszustellen, welches Sie zurzeit am meisten beschäftigt. Sind Sie mit diesem Bedürfnis noch immer am meisten beschäftigt oder ist es inzwischen ein anderes? Prüfen Sie das und gehen Sie auf jeden Fall von dem Bedürfnis aus, das Sie zurzeit am stärksten bewegt. Denn in der 8. – 10. Übung sollen Sie nun versuchen, dieses Bedürfnis weiter zu verfolgen über die Verinnerlichung der genannten Fragen. Ihr Bedürfnis kann sich auf drei Gebiete beziehen: auf das Sein, das Haben oder das Tun. Das sollen Sie selbst feststellen, um Ihren Blick zu schärfen im Umgang mit Ihren Bedürfnissen! Seien Sie fleißig, die Auseinandersetzung kostet Sie Zeit und Mühe. Schieben Sie sie nicht unnötig vor sich her. Haben Sie wenig Zeit, machen Sie immer wieder ein wenig, statt sich so viel vorzunehmen, dass Sie dann gar nichts für ihre

Selbstachtung tun. Der größte Feind des zügigen Vorankommens sind zu hohe Ansprüche an sich selbst. Damit nehmen Sie sich die Lust, konkret zu werden und tun am Ende gar nichts. Das wäre sehr schade! Haben Sie Mut, immer wieder ein wenig zu machen und seien es nur fünf Minuten, die Sie verwenden für die Bearbeitung einer einzigen Frage einer Übung. Der Mut zur Unvollkommenheit ehrt einen Menschen. Die Angst, nicht perfekt zu sein, nimmt ihm die Möglichkeit zu lernen[1]. Entscheiden Sie sich, zu Ihren Grenzen zu stehen und das Machbare zu machen. Das macht Sie ruhig und zufrieden.

X. Tun-Wollen und Tun

Damit Sie an dieser Stelle der Auseinandersetzung nicht den Mut verlieren, mögen Sie folgenden Rat beherzigen. Wenn Sie einmal gelernt haben oder gelernt haben werden, Selbstachtung im Alltag beharrlich anzuwenden, dann werden Sie sagen: eigentlich ganz einfach, ich muss nur meine Herzensfragen stellen und mich nie davon abhalten lassen. Selbstverständlich stellen Sie sich ihre Herzensfragen selbst. Danach vielleicht auch anderen, je nach Ermessen und Umständen. Vielleicht sind Sie jetzt gerade an dem Punkt, dass Sie unzufrieden suchen nach der Lösung eines Problems, das Ihnen das Leben schwer macht. Wahrscheinlich halten Sie dieses Buch nicht in Händen, weil Sie rundum zufrieden sind, sondern weil es mindestens ein Thema in Ihrem Leben gibt, bei dem Sie sich sagen: Da will ich etwas verbessern. Genau dieses Thema ist es wahrscheinlich, das Ihnen am meisten abverlangt und Sie an die Grenzen Ihrer Fähigkeiten bringt, Sie deshalb auch verunsichert und Ihnen womöglich das Gefühl gibt, unzulänglich zu sein. Sagen Sie sich in diesem Fall, dass es logisch sein muss, an den Grenzen seiner Fähigkeiten unsicher zu sein. Wie wollen Sie

---

[1] In dieser Haltung zu verharren ist der Nährboden für Feigheit.

Ihre Fähigkeiten anders erweitern, als deren Grenzen zu akzeptieren und an diesen tätig zu werden? Mit anderen Worten: alles ganz normal. Wir gehen ganz gezielt an die Themen heran, die Ihnen am meisten zu schaffen machen. Warum? Weil Verbesserung hier für Sie echte Erleichterung bringt (statt Ablenkung von etwas, das Sie sonst immer wieder einholen wird). Seien Sie also guten Mutes.

Tun-Wollen und Tun gehört zu den Themen der Selbstachtung, da ist Schluss mit lustig, wie man so schön sagt. Hier müssen Sie sich ins Gesicht schauen oder laufen vor sich davon. Als Verfasser dieses Buches will ich natürlich nicht, dass Sie davonlaufen, sondern die Kraft, den Willen, die Einsicht und die Begeisterung entwickeln, Ihre Selbstachtung genau dort zum Einsatz zu bringen, wo Sie es am meisten brauchen. Es geht doch nicht darum, dem Reichen Unterstützung zu geben, sondern dem Armen. Wir Menschen sind auf dem einen Gebiet vielleicht sehr reich, zugleich vielleicht sehr arm auf einem anderen. Unser Fortschritt liegt vor allem darin begründet, die armen Seiten in uns reicher zu machen... Eine Philosophie, die vielleicht nicht so recht in das Denkschema passt, welches sagt: Heb deine Stärken hervor, kehr deine Schwächen unter den Teppich. Ja, so sollten wir uns verhalten, wenn es darum geht, uns zu präsentieren. Doch im Umgang mit sich selbst ist das Gegenteil gefordert: den Schwächen die größte Aufmerksamkeit zu widmen, um den ersehnten Ausgleich zu schaffen. Hier zeigt sich am deutlichsten, wie viel Liebe Sie für sich aufbringen – und Sie können sicher sein: Je mehr Sie schaffen Ihre Schwächen anzunehmen, desto mehr Menschen wird es geben, die an diesen Punkten Verständnis für Sie aufbringen und Sie dort unterstützen.

Machen wir nun ein Beispiel, an dem deutlich werden kann, wie schwerwiegend das Verhältnis zwischen Tun-Wollen und Tun Einfluss nimmt auf unser Wohlbefinden. Ein Mann, der in seiner Liebe zu einer Frau sehr enttäuscht wurde, will lernen wieder neues Vertrauen zu sich und zum anderen Geschlecht zu fassen. Obwohl er sich extrem darum bemüht, verfällt er immer wieder in Misstrauen gegenüber seinem eigenen Unterscheidungsvermögen, wie ehrlich es eine Frau mit ihm meint, so dass er es nicht zulassen kann, gefühlsmäßig offen mit ihr umzugehen. Darunter leidet er, sehnt er sich doch danach sein Leben mit einer Frau zu teilen. Aus Angst vor neuen Enttäuschungen ist er nicht in der Lage, mit der nötigen Unbeschwertheit auf Frauen zuzugehen und muss deshalb – trotz seiner großen Sehnsucht und trotz seines starken Bemühens um ein besseres Verhalten – alleine bleiben. Diese Tatsache erzeugt wiederum Minderwertigkeitsgefühle in ihm, nicht fähig zu sein, seiner Sehnsucht gerecht zu werden. So paaren sich schlechte Erfahrung mit der Erkenntnis, unfähig zu sein, sie zu überwinden. Die Kluft zwischen seinem Verhalten gegenüber Frauen und seinem Verlangen, wie er sich gerne verhalten wollte, scheint unüberwindlich und treibt ihn in die Depression. Ja, es geht sogar so weit, dass er aus Angst nicht in der Lage ist, echte Zuneigung und Liebe, die ihm weiblicherseits entgegenkommt, zu genießen, so dass er sie abwehren muss. Und das, obwohl er sich zutiefst danach sehnt.

Wäre dieses Beispiel nun ein seltener Ausnahmefall, bräuchte es gewiss nicht an herausragender Stelle beachtet zu werden. Doch unter den nach Liebe suchenden Frauen und Männern gibt es erschütternd viele, die dieses Muster kennen, wenn auch in unterschiedlicher Ausprägung.

Unser Beispiel deutet auf die Frage: „Wie möchte ich mich verhalten?" „Offen gegenüber Frauen". Daraus ergäbe sich folgende Meditation:

<blockquote>
Wie möchte ich mich gegenüber Frauen verhalten?
Wie achte ich mein Bedürfnis, mich offen gegenüber Frauen zu verhalten?
Warum finde ich das Achten meines Bedürfnisses,
mich offen gegenüber Frauen zu verhalten, gut?
Wie achte ich meine Selbstachtung?
</blockquote>

Warum finde ich meine Selbstachtung gut?

Dem gegenüber steht die Frage: „Wie verhalte ich mich gegenüber Frauen?" Da würde der Mann unseres Beispiels wohl sagen: „verschlossen". Für ihn käme es nun aber darauf an, sein Verhalten zu achten, denn es hat ja Gründe. Er würde sich nicht damit helfen, sich als unfähig zu beschimpfen, damit machte er alles nur schlimmer. Statt dessen sollte er sich fragen:

Wie verhalte ich mich gegenüber Frauen?
Wie achte ich mein Verhalten gegenüber Frauen?
Warum finde ich das Achten meines Verhaltens
gegenüber Frauen gut?
Wie achte ich meine Selbstachtung?
Warum finde ich meine Selbstachtung gut?

Beide Fragenblöcke im Wechsel meditiert könnten dem Mann helfen, auf der eine Seite sein Bedürfnis nach Offenheit gegenüber Frauen zu achten, andererseits sein derzeitiges Verhalten so anzunehmen, dass er nicht daran verzweifelt, sondern sich schrittweise entkrampfen kann und nach und nach lernt, seinem Bedürfnis gerecht zu werden.

Der aufmerksame Leser wird bemerkt haben, dass es hier unerlässlich ist, sich selbst innerlich ins Gesicht zu schauen. Hier wird es sehr ernst. Es geht um die Bereitschaft, den größten Hemmnissen seines Lebens mutig ins Auge zu sehen. Doch seien Sie gewiss: Durch das Üben der Selbstachtung entwickeln Sie diesen Mut und werden immer fähiger, Probleme erfolgreich zu lösen, Ihre Wünsche zu erfüllen und Ihre Ziele zu erreichen. Gewiss nicht von heute auf morgen, aber mit Sicherheit auf Dauer. DIESE Aussicht kann Ihnen die Selbstachtung, die SIE üben, in jedem Fall geben. Wege der Hoffnung.

Ebenso können und sollten Sie das Prinzip Selbstachtung anwenden, um einen erfolgreichen Kurs noch erfolgreicher zu machen.

Gehen Sie nun daran, eine der Übungen zu machen, die in den letzten beiden Kapiteln dargestellt sind oder machen Sie die folgende:

10. Übung

10.1. Was möchte ich tun (wie möchte ich mich verhalten)?
10.2. Wie achte ich mein Bedürfnis, etwas zu tun (mich in einer bestimmten Weise zu verhalten)?
10.3. Warum finde ich das Achten meines Bedürfnisses, etwas zu tun, (mich in einer bestimmten Weise zu verhalten) gut?
10.4. Wie achte ich meine Selbstachtung?
10.5. Warum finde ich meine Selbstachtung gut?

* * * * * * * * * *

10.6. Was tue ich (wie verhalte ich mich)?
10.7. Wie achte ich mein Tun (mein Verhalten)?
10.8. Warum finde ich das Achten meines Tuns (meines Verhaltens) gut?
10.9. Wie achte ich meine Selbstachtung?
10.10. Warum finde ich meine Selbstachtung gut?

Bei der 8. – 10. Übungen handelt es sich um solche, die Sie innerhalb vom Thema auswählen (Sein, Haben oder Tun) und die Sie wie bereits gesagt so machen sollten, dass Sie innerhalb der Übung blockweise vorgehen, also entweder mit dem Achten des Bedürfnisses bei Unterziffer 1 oder mit dem Achten des Zustandes bei Unterziffer 6 beginnen. Folgen Sie aufmerksam Ihrem Herzen...

Als Thema der Befragung nehmen Sie bitte das, was Sie in 7. Übung als Ihr gerade wichtigstes Bedürfnis empfanden und aufschrieben! Gehen Sie möglichst schriftlich vor und wiederholen Sie die Fragen laut sprechend. Beschreiben Sie dann, was Sie dabei empfinden. Sie sind jetzt mitten drin in der Selbstachtung... Bearbeiten Sie jede Frage einzeln, ohne sich dabei unter Druck zu setzen. Seien Sie freundlich zu sich selbst! Geben Sie sich Mühe mit Ihren Bedürfnissen. Auf keinen Fall sollten Sie sarkastisch, ironisch oder gar gehässig sein; denn damit würden Sie ihre Gefühle nur verunsichern, so dass sie nicht emporkommen könnten. Machen Sie die Übung so gut Sie können und belassen Sie es dann erst einmal dabei. Falls Sie sich ärgern, schreiben Sie Ihren Ärger jetzt auf, ebenso Angst oder Unsicherheit. Wagen Sie es.

Wenn Sie sich gehemmt fühlen, achten Sie Ihre Gehemmtheit, doch geben Sie ihr auf keinen Fall nach, sonst verlieren Sie die Möglichkeit, die Ursache dieser Hemmung zu begreifen. Dieses Buch soll Sie Schritt für Schritt an diejenigen Themen Ihres Lebens heranführen, die Sie behindern beim Streben nach Glück, Erfolg und Leistungsvermögen.[2] Dazu müssen Sie das Wohlwollen und die Geduld gegenüber Ihrer eigenen Persönlichkeit aufbringen, den Hindernissen so sorgfältig nachzugehen, dass Sie diese beseitigen können!

Falls Sie sofort Ergebnisse erwarten, setzen Sie sich damit selbst unter Druck. Es gibt bei der Selbstachtung viele rasche Ergebnisse. Doch es gibt

---

[2] Was für den einzelnen Menschen erstrebenswert ist, bleibt dabei absolut in seiner Freiheit. Es werden keine Ziele durch die Selbstachtung vorgegeben, als dem innersten Verlangen des Ich gerecht zu werden und sich damit im Leben zu behaupten. Und es wird verfolgt auf dem Wege der Achtung – der Liebe.

Das Streben nach Freiheit ruht auf dem Bedürfnis nach Freiheit. Da über die Selbstachtung alle Bedürfnisse gleichermaßen ernst genommen werden, dient sie auch dem Streben nach Freiheit. Und da Streben nach Freiheit liebevoll geschehen sollte, ist es gerade die Selbstachtung, die davor schützt, lieblos dabei zu werden!

auch Angelegenheiten, die der beharrlichen Übung bedürfen, bevor Sie eine Verbesserung erleben. Entwickeln Sie deshalb die Fähigkeit, unbeirrt einen Schritt nach dem andern in die richtige Richtung zu machen. Hadern und Jammern hilft nicht!

Da es Zeit braucht, seine Fragen zu entwickeln, seine Gedanken zu ordnen und sich in das Prinzip Selbstachtung hineinzudenken, ist das beste Mittel, wenn es einem nicht schnell genug geht, mehr Zeit einzusetzen, um das Gelesene und Geübte zu wiederholen. Natürlich können Sie auch das ganze Buch überfliegen. Doch die Erfahrung lehrt, dass der rascheste Erfolg durch das sorgfältige, ruhige, schrittweise Vorgehen kommt.

Wenn Ihnen beim Lesen etwas unklar ist, schreiben Sie Ihre Fragen auf. Je genauer Sie Ihre Fragen formulieren, desto schärfer denken Sie nach und werden wahrscheinlich an anderer Stelle oder bei der Wiederholung oder aus sich heraus Antworten finden. Das Buch erhebt keinen Anspruch, alle Fragen zur Selbstachtung zu beantworten. Vielmehr soll es als Einführung dienen.

Falls Sie auf ärztliche Hilfe angewiesen sind, um gefühlsmäßige Probleme zu lösen, sollten Sie die ärztliche Hilfe unbedingt in Anspruch nehmen. Selbstachtung ist zwar auch Selbsttherapie, doch das will gelernt sein. Ein gewissenhafter Arzt ist durch kein Buch zu ersetzen!

Andererseits wird Ihnen die Selbstachtung mit der Zeit ermöglichen, Probleme alleine zielsicher zu lösen. Schließlich möchten die Menschen ja gerne unabhängig voneinander sein. Der Verfasser muss dennoch ausdrücklich davor warnen, das Verlangen nach Unabhängigkeit in der Weise auszuleben, dass dabei bestehende Probleme nicht rasch genug behandelt werden können, weil jemand meint, er müsse alles alleine können.

Schwimmen lernen kann man nicht, wenn man am Ertrinken ist! Da braucht man einen Rettungsring, oder jemanden, der einem aus dem Wasser hilft.

In diesem Sinne soll die vorliegende Anleitung zur Selbstachtung genommen werden: Als sichere Möglichkeit, sich nach und nach und dauerhaft durch eigene Übung so zu entwickeln, dass Gesundheit, Erfolg, Glück und Zufriedenheit Ihr Leben ausmachen. Doch der Weg dorthin gelingt umso besser, je bereitwilliger wir uns eingestehen, wo wir alleine nicht weiterkommen und auf die Fähigkeiten andere Menschen bauen sollten.

XI. Hemmnisse und ihre Überwindung

Es gibt eine ganze Reihe von Hemmnissen, die uns das Leben schwer machen:

Mangelnde Motivation
Mangelnde Fähigkeiten
Zeitmangel
Kraftmangel
Geldmangel
Ärger
Angst
Unsicherheit
Falsche Ansprüche

Dass immer auch Widerstände von außen im Spiel sind, ist bei dieser Aufzählung beinhaltet, wenn auch nicht zusätzlich aufgeführt. Denn es liegt ja an jedem selbst, diese Widerstände zu umgehen, aufzulösen, zu durchbrechen und – zu nutzen! Es nützt also nichts, wenn ich sage: Es geht nicht, weil andere oder die Umstände daran schuld sind. Ich kann über nichts vollständig bestimmen, als über mich selbst. Deshalb muss der Ansatz zur Überwindung von Hemmnissen immer bei mir liegen. ICH muss die Maßnahmen für Verbesserungen ergreifen, wenn ich etwas verändern will. Diesem Prinzip steht nichts stärker im Wege als: Selbstbedauern.

Selbstbedauern ist die Unfähigkeit, sein eigenes Denken beherzt unter Kontrolle zu nehmen und es zu nutzen für die Erfüllung seiner Bedürfnisse. Solange mein Denken mir nicht gehorcht, sondern ich von ihm diktiert werde, bin ich kein freier Mensch. Denn Freiheit im wirklichen Sinne kommt nur von innen. Äußerlich sind uns immer Grenzen auferlegt, auch wenn sie sich wandeln und sehr unterschiedlich gesetzt sein können.[3]

Selbstachtung heißt daher, dass ich an die Stelle des Selbstbedauerns Geistesgegenwart setze. Es gibt zwei verschiedene Arten von Geistesgegenwart: eine verkrampfte und eine entspannte. Die verkrampfte Form von Geistesgegenwart unterscheidet sich von der entspannten Form durch mehrere Faktoren:

---

[3] Es geht hier nicht darum, mir einfach Gedanken zu verbieten, sondern zu fragen warum ich etwas denke. Auf dieser Grundlage kann ich erst richtig entscheiden was ich denken will.

Geistesgegenwart

verkrampft	entspannt
missgünstig	wohlwollend
desinteressiert	interessiert
misstrauisch	vertrauend
maßlos	maßvoll
ungeduldig	geduldig
undankbar	dankbar
ehrgeizig[4]	hingebungsvoll

Wenn Sie sich diese Reihenfolge vor Augen halten, bekommen Sie ein Gefühl davon, welch großer Unterschied zwischen beiden Richtungen liegt. Die linke Seite ist die Richtung des Selbstbedauerns, die rechte Seite ist die Richtung der Selbstachtung. Wie an späterer Stelle zu zeigen sein wird, gehen diese Eigenschaften auseinander hervor. Sie bilden auf beiden

---

[4] Der Verfasser verwendet das Wort „Ehrgeiz" hier bewusst im Sinne seiner Bedeutung „mit Ehre geizen", was heißen soll: Fehlende Selbstachtung soll ausgeglichen werden durch Anerkennung von außen. Dass dieses Streben nicht nur abhängig macht von der Anerkennung anderer, sondern darüber hinaus auch der Nährboden für Skrupellosigkeit, Rücksichtslosigkeit und Fanatismus ist, machen wir uns oft nicht klar. Leider wird das Wort „Ehrgeiz" auch für Zielstrebigkeit, Hingabe und Entschlossenheit verwendet, was dazu führt, dass die Unterscheidung der dahinter stehenden Beweggründe zu kurz kommt und für Verwirrung sorgt. Es wäre besser, „Ehrgeiz" nur negativ zu verwenden.

Seiten eine Rangordnung, bei der eine Eigenschaft auf der nächsten aufbaut.

Entspannte Geistesgegenwart verhilft zu mehr Übersicht, als Sie jemals möglich ist mit verkrampfter Geistesgegenwart. Weil erstere unser Auffassungsvermögen weitet, letztere es verengt. Nennen wir die entspannte Geistesgegenwart:

Freundlichkeit zu sich selbst

Sie setzen wir beharrlich an die Stelle des Selbstbedauerns. Haben Sie kein Selbstbedauern? Dann legen Sie dieses Buch nun weg. Räumen Sie sich verstecktes Selbstbedauern ein, so tun Sie gut daran; Sie werden es im Laufe der Zeit merken. Um Hemmnisse zu überwinden, brauchen wir Freundlichkeit zu uns selbst, das heißt: Wohlwollen, Interesse, Vertrauen, Maßhalten, Geduld, Dankbarkeit und Hingabe im Umgang mit der eigenen Persönlichkeit. Gemeinsam ist diesen Eigenschaften, dass sie Achtung aufbringen. Während Missgunst, Desinteresse, Misstrauen, Maßlosigkeit, Ungeduld, Undankbarkeit und Ehrgeiz verachtend sind.

Wenn Sie die bewusste Selbstachtung als Frageprinzip, nicht als Ich-Bin-Toll-Prinzip, erlernen wollen, müssen Sie möglicherweise manche Denkgewohnheit verlassen. Unsere Gesellschaft ist von der bewussten Selbstachtung nicht gerade intensiv durchdrungen. Vielmehr ist die bewusste Selbstachtung eine grandiose Zukunftsherausforderung, der sich auf Dauer wohl keiner entziehen kann, weil sie nicht nur unerlässlich, sondern auch so umfassend ist, dass sie auf jedem Gebiet des Lebens ihre Spuren hinterlässt. Wenn Sie bewusste Selbstachtung als Gedankenprinzip bejahen können, werden Sie wohl kaum das Verlangen haben, sie nicht anzuwenden. Und wenn Sie Selbstachtung anwenden – ob nun in der hier beschriebenen Weise oder in anderer geeigneter Form – werden Sie sich verändern. Sie werden sich früher oder später sagen: Meine sämtlichen Wertbegriffe gehören auf den Prüfstand, ob sie meinen Bedürfnissen tatsächlich oder nur scheinbar entsprechen. Dieser Prozess kann auch verunsichernd und schmerzhaft sein. Aber Sie werden ihn wollen, aus dem tiefen Verlangen, nur das zu tun, was Ihnen wirklich entspricht. Hemmnisse werden Sie daher nicht davon abhalten, sich um Ihre Selbstachtung angemessen zu kümmern. Vielmehr werden die Hemmnisse Ihnen zeigen: Hier habe ich noch etwas zu klären...

Allerdings ist es so, dass wir die Hemmnisse des Lebens durch unsere Selbstachtung bearbeiten, wir lassen Sie nicht einfach stehen. Insofern können Sie sich trösten: Die Hemmnisse waren schon da – durch die Arbeit an meiner Selbstachtung mache ich sie mir bewusst und arbeite an ihrer Überwindung. Und wie geht die nun?

Es versteht sich von selbst, dass wir Ratgeber nutzen, nicht weil schon alles perfekt läuft, sondern weil wir Verbesserung wünschen. Deshalb wird in den folgenden Kapiteln jedes der genannten neun Hemmnisse einzeln behandelt; mit dem Ziel, dass Sie ganz gezielt ansetzen können, da wo Sie es für notwendig erachten! Doch machen Sie vorher noch eine Übung: Fragen Sie sich folgendermaßen, um Ihre Gedankenhaltung auf den Prüfstand zu bringen, mit dem Ziel, Selbstbedauern zu ersetzen durch Freundlichkeit zu sich selbst. Und beherzigen Sie an dieser Stelle den Rat, dass Selbstbedauern <u>jederzeit und schleichend</u> unsere Gedanken besetzen kann. Nicht genug damit: Selbstbedauern kann als Gewohnheit in einem stecken, ohne dass man sie kennt. Schließlich lernen wir von Geburt an und erfahren von den Ergebnissen dieses Lernens oft erst in viel späteren Lebensjahren etwas, das wir uns tatsächlich bewusst machen können. Auch lässt sich Selbstbedauern nicht wegkämpfen – das erzeugt nur neues. Vielmehr muss es ersetzt werden durch Freundlichkeit zu sich selbst.

11. Übung:

11.1. Wie möchte ich freundlich zu mir selbst sein?

11.2. Wie achte ich mein Bedürfnis, freundlich zu mir selbst zu sein?

11.3. Warum finde ich das Achten meines Bedürfnisses, freundlich zu mir selbst zu sein, gut?

11.4. Wie achte ich meine Selbstachtung?

11.5. Warum finde ich meine Selbstachtung gut?

* * * * * * * * * *

11.6. Wie bin ich freundlich zu mir selbst?

11.7. Wie achte ich meine Freundlichkeit zu mir selbst?

11.8. Warum finde ich das Achten meiner Freundlichkeit zu mir selbst gut?

11.9. Wie achte ich meine Selbstachtung?

11.10. Warum finde ich meine Selbstachtung gut?

Gibt es einen Unterschied zwischen Freundlichkeit zu sich selbst und Selbstachtung? Selbstachtung ist mehr als Freundlichkeit zu sich selbst. Selbstachtung ist das Ergebnis aller Bemühungen, freundlich mit sich selbst zu sein. Freundlich zu mir zu sein ist fortwährende Herausforderung der Selbstachtung – als wenn ich einen Tropfen Freundlichkeit nach dem anderen auf mein Haupt gieße und daraus in mir das Leben entsteht, das ich Selbstachtung nenne. Selbstachtung entsteht aus Freundlichkeit zu sich selbst.

Alle Schilderungen und Übungen zur Selbstachtung dienen dazu, eine Gedankenhaltung zu entwickeln und ständig aufrecht zu erhalten, die wir AM SCHEITEL als Freundlichkeit zu uns selbst empfinden. Je beharrlicher wir sie üben, desto bessere Entscheidungen treffen wir.

XII. Herzensfragen setzen nicht unter Druck

Es gibt zum Glück auch gute Sprichworte. Eines davon heißt: „Not macht erfinderisch." Daraus entwickelte sich vielleicht im Gegenzug die Redewendung: „Dem geht es zu gut." Letztere trägt allerdings etwas widersinniges in sich, denn kann es einem wirklich zu gut gehen? Wäre es nicht klüger zu sagen: „Der weiß sein Wohl nicht zu schätzen"? Das trifft doch das Problem erst richtig!

Im Mangel bin ich bestrebt, ihn zu beheben. Leide ich hingegen nicht an Mangel, kann es mir passieren, dass ich mein Wohlergehen für zu selbstverständlich halte. Dann habe ich nicht genügend Achtung davor. Erinnern Sie sich: Im Kapitel „Was hat Selbstachtung mit Entscheidungen zu tun?" heißt es: „Sich selbst zu achten ist keine Selbstverständlichkeit. Wer von sich behauptet, er habe genug Selbstachtung, der irrt. Denn man kann gar nicht genug davon haben." Wenden Sie diese Behauptung an auf den Satz: „Der weiß sein Wohl nicht zu schätzen." Sie werden verstehen: Je größer das Wohl ist, desto mehr bin ich darauf angewiesen es zu schätzen, sonst drohe ich es wieder zu verlieren. Soll sich das Wohl also mehren und mir erhalten bleiben, muss ich es achten, statt es als Selbstverständlichkeit zu betrachten.

Es geht also darum, FREIWILLIG aufmerksam zu sein, nicht erst im Leidensdruck. Und nun der entscheidende Punkt. Herzensfragen setzen nicht unter Druck. Sie können nur durch freiwilliges Aufmerksamsein bewusst gemacht werden. Doch es sind die Herzensfragen, deren Erfüllung beziehungsweise Nicht-Erfüllung über Glück und Unglück eines Menschen entscheiden. Das heißt also: Nur was als Bereitschaft in uns ist, achtsame Aufmerksamkeit zu wahren, gibt uns die Kraft, unseren Herzensfragen ohne Leidensdruck nachzugehen. Diese Tatsache macht verständlich, warum Leichtsinn und Überheblichkeit ein so großes Problem darstellen:

Sie verhindern das für das freiwillige Lernen nötige Maß an Unabhängigkeit von – Leid. Leid bringt uns Not und treibt uns zum Nachdenken. Not macht erfinderisch. Das heißt ja auch: Erfindungsgeist lindert Not. Denn in der Not setzen wir uns ja dafür ein, sie zu beseitigen, mit unserem Erfindungsgeist.

Logischerweise frage ich an dieser Stelle was Erfindungsgeist ausmacht. Wenn Erfindungsgeist dasjenige ist, was mich dazu befähigt, Not zu beseitigen, muss er doch auch dasjenige sein, was neue Not verhindert und dafür sorgt, dass ich mein Wohl schützen und somit bewahren kann. („Wohl" ist hier gemeint im weitesten Sinne: Gesundheit, Glück, Zufriedenheit, Wohlstand.) Es gibt ein Zitat von Rudolf Steiner – einen nicht immer leicht verständlichen Philosophen und Geisteswissenschaftler, das in eine vergleichbare Richtung geht. Am 24.11.1918 – also unter den unmittelbaren Eindrücken des ersten Weltkrieges, der ja aus heutiger Sicht der Auftakt war für die völkerrechtliche Katastrophe des zweiten Weltkrieges – sagte er: „Man reicht aus, ohne dass man Ideen hat, in Zeiten von Revolutionen und Kriegen, man kann aber nicht ausreichen ohne Ideen in Zeiten des Friedens; denn werden die Ideen in Zeiten des Friedens rar, dann müssen Zeiten von Revolutionen und Kriegen kommen."[5]

Erfindungsgeist ist immer darauf aus, die richtigen Ideen zu gewinnen, um in den bestehenden Verhältnissen etwas zu verbessern. Geht das so weit, dass dadurch Kriege verhindert werden, wenn leitende Persönlichkeiten erfinderisch genug sind, die richtigen Ideen zu entwickeln? Kann Erfindungsgeist zu Gesundheit, Glück, Zufriedenheit und Wohlstand führen und diese bewahren? Durchaus. Also muss doch unsere kostbarste Frage lauten: <u>Wie entwickele ich meinen Erfindungsgeist?</u>

---

[5] Flensburger Hefte, Heft 24, Direkte Demokratie, 200 Jahre Französische Revolution – 1789 – 1989; Verlagsgesellschaft Wolfgang Weihrauch & Partner GbR; Flensburg 1989

Sie werden wohl zustimmen, wenn ich sage: <u>Fantasievolle Lösungen sind gefragt.</u> Was brauche ich dafür? Erfindungsgeist natürlich! Auf allen Gebieten.

Sicher kennen Sie das Problem, dass Sie nicht wissen, wie Sie sich in einer Situation optimal verhalten sollen. Die richtigen Ideen immer zu haben – und sich nicht nur einzubilden, man habe Sie – ist schon eine Kunst. Um diese Kunst bemühen wir uns hier. Dabei stellen wir fest, dass wir an der Entwicklung unseres Erfindungsgeistes arbeiten müssen, wenn wir die Aufmerksamkeit auf unsere Herzensfragen gerichtet lassen wollen.

Wenden wir die bewusste Selbstachtung an im Sinne der 8. - 10. Übung.

12. Übung:

12.1.	Wie möchte ich erfinderisch sein?
12.2.	Wie achte ich mein Bedürfnis, erfinderisch zu sein?
12.3.	Warum finde ich das Achten meines Bedürfnisses, erfinderisch zu sein, gut?
12.4.	Wie achte ich meine Selbstachtung?
12.5.	Warum finde ich meine Selbstachtung gut?

* * * * * * * * * *

12.6.	Wie bin ich erfinderisch?
12.7.	Wie achte ich meinen Erfindungsgeist?
12.8.	Warum finde ich das Achten meines Erfindungsgeistes gut?
12.9.	Wie achte ich meine Selbstachtung?
12.10.	Warum finde ich meine Selbstachtung gut?

XIII. Achtung vor dem eigenen Erfindungsgeist

Lieber Leser, Sie sind nun – hoffentlich unter sorgfältiger Bearbeitung aller in den vorangehenden Übungen gestellten Fragen – dort angelangt, wo die Selbstachtung stattfindet: im Erfindungsgeist. Falls Sie hier lesen möchten, ohne alle vorangehenden Übungen gemacht zu haben; oder falls Sie etwas in den vorangehenden Kapiteln nicht verstehen konnten, holen Sie nun die Übungen nach beziehungsweise lesen Sie die betreffenden Kapitel erneut. Dies ist ein Übungsbuch – und Übung bedarf der Wiederholung. Das gilt selbstverständlich auch für das Verstehen der entwickelten Gedankengänge des Buches. Die bewusste – die gezielte – Selbstachtung basiert auf deren LOGISCHEM Verständnis. Ohne dieses fehlt uns die Sicherheit, wozu wir die Selbstachtung überhaupt verfolgen. Legen Sie daher größten

Wert auf Ihr logisches Verständnis. Lesen Sie mehrmals, die Bedeutung der Selbstachtung hat es verdient. Das ist Ihre beste Grundlage für rasche Fortschritte! Sagen Sie nicht: „So viel Zeit hab ich nicht!" Sagen Sie lieber: „Ich mache meine Selbstachtung Schritt für Schritt – und Wiederholungen sind wichtig für die Vertiefung meiner Einsicht." Lesen Sie lieber weniger Seiten, wiederholen dafür die gelesenen nochmals.

* * *

In den Übungen der bisherigen Kapitel entwickelten wir die Grundlagen für die 12. Übung. Wenn Sie den Willen aufbrachten, bis zu dieser Übung vorzudringen, dann konnten Sie spätestens dort feststellen, dass Sie an denjenigen Punkt Ihres Lebens rührt, wo Sie sich am unsichersten fühlen. Jeder Mensch hat hier seine eigenen Voraussetzungen. Doch gemeinsam dürfte uns allen sein, dass wir in der Auseinandersetzung mit unserem Erfindungsgeist an den Punkt gebracht werden, wo wir ihn am dringendsten nötig haben. Das kann durchaus ein schrittweiser Prozess sein, der Wandlungen unterliegt. Wenn Sie dieses Buch in zwei Jahren erneut durcharbeiteten, würden Sie wahrscheinlich manche Antwort anders geben. Es liegt in der Natur unserer Weiterentwicklung, dass wir zu verschiedenen Zeiten unterschiedliche Themen besonders intensiv verfolgen beziehungsweise verfolgen sollten. Tun wir das nicht, so bleiben wir stehen oder entwickeln uns zurück! Doch es gibt auch Themen, die uns lebenslänglich begleiten.

Ein lebenslängliches Thema ist das Achten unseres Erfindungsgeistes. Daran lernen wir uns mit dem zu befassen, war wir jeweils am dringendsten brauchen. Denn das Achten des Erfindungsgeistes macht uns bewusst, was wir mit ihm tun möchten. Wir lernen unsere Wünsche zu respektieren, ohne dabei aus den Augen zu verlieren, was wir am dringendsten brauchen.

Vielleicht sagen Sie nun: „Ich weiß was ich mir wünsche und ich weiß was ich brauche." Darauf würde ich Ihnen antworten: „Das glaube ich, dass Sie das wissen! Allerdings sind Wünschen und Brauchen endlose Dinge, die immer in Bewegung sind und sich dabei verändern. Deshalb können Sie mit Sicherheit davon ausgehen, dass Sie an Ihrem Wissen über Ihr Wünschen und Brauchen fortwährend arbeiten sollten." Wenn Sie dann sagen: „Dafür sehe ich keine Notwendigkeit," dann legen Sie dieses Buch weg. Lernen Sie dann ohne die bewusste Selbstachtung ihr Wünschen und Brauchen zu erfassen. Nur bedenken Sie, dass die bewusste Selbstachtung nicht ersetzt, nur kompensiert werden kann. Die Kompensation geschieht mit Leistungsdenken. "Ja herrlich," sagen Sie, „Leistungsdenken ist genau das was ich will! Ich will optimale Leistung bringen – dazu brauche ich Leistungsdenken." „Falsch," werde ich antworten, „optimale Leistung kommt nicht über Leistungsdenken, sondern über optimale Selbstachtung." „Warum", werden Sie fragen. Ihre Frage ist sehr, sehr wichtig:

WARUM KOMMT OPTIMALE LEISTUNG NICHT ÜBER LEISTUNGSDENKEN, SONDERN ÜBER OPTIMALE SELBSTACHTUNG?

Sie haben die Kernfrage dieses Buches ausgesprochen. Vielen Dank!

An dieser Stelle möchte ich als Verfasser den Weg für die Leser teilen. Möchten Sie weiter an der Frage nach der Achtung des Erfindungsgeistes arbeiten, lesen Sie bitte hier weiter. Möchten Sie lieber die Frage bearbeiten, die wir gerade formulierten, springen Sie bitte nun in das gleichnamige Kapitel. Diese Teilung ist sinnvoll, weil dadurch den unterschiedlichen Voraussetzungen der Leser besser Rechnung getragen werden kann.

***

Das Achten seines Erfindungsgeistes ist verbunden mit der Bereitschaft, sich dem jeweils schwierigsten Thema seines Lebens besonders aufmerksam zu widmen. Was ist daran bemerkenswert? Dass immer das jeweils schwierigste Thema unseres Lebens am meisten verhindert, dass wir uns zufrieden fühlen. Das ist logisch leicht einzusehen. Weniger leicht verstehen wir die Tatsache, dass wir unter Umständen große Mühe damit haben zu erfassen, um welches Thema es sich handelt. Allzu leicht passiert es, dass man glaubt zu wissen worum es geht. Gerade diese Tatsache ist enorm verführerisch. Stellen Sie sich daher immer wieder auf den Standpunkt, nicht alles oder nichts von sich zu wissen. Das hilft sehr, die eigenen Meinungen mit Abstand zu betrachten und in Frage zu stellen. Sehen Sie in dieser Haltung eine besondere Herausforderung für Ihr Glück und ihre Zufriedenheit.

Nicht das Achten seines Erfindungsgeistes macht viel Mühe, sondern die dabei aufkommenden Gefühle, dort wo wir uns unzulänglich, unzufrieden und unsicher, verärgert und verängstigt fühlen. Mit Gefühlen solcher Art konstruktiv umzugehen – statt Sie zu verdrängen – ist für das Gewinnen von Übersicht für unsere Entscheidungen unerlässlich. Denn handle ich aus solchen Gefühlen heraus, handle ich immer unüberlegt, kurzfristig denkend, kurzsichtig. Was ich aus Gefühlen der Minderwertigkeit, Unzufriedenheit, Unsicherheit, des Ärgers oder der Angst tue, leitet mich niemals zu den Erfolgen, die ich mir wünsche. Im Gegenteil: Misserfolg ist vorprogrammiert. Wenn mich solche Gefühle unterschwellig in meinen Handlungen leiten, also ohne dass ich es schaffe sie mir bewusst zu machen, bin ich dadurch im Nachteil. Ich kann solche Gefühle nicht einfach ausschalten. Nur wenn ich Sie annehme, lerne ich ihre Ursachen zu erkennen. Und nur wenn ich die Ursachen negativer Gefühle erkenne, kann ich gezielt an ihrer Beseitigung arbeiten.

Aus diesem Grund müssen wir die Frage stellen, die den Titel des nächsten Kapitels bildet.

XIV. Wie lerne ich mit negativen Gefühlen positiv umzugehen?

Aus Ärger, den ich nicht schaffe rechtzeitig zu lösen, vermittle ich einem wichtigen Geschäftspartner das Gefühl, dass er mir egal sei. Womöglich hat er nicht einmal etwas mit meinem Ärger zu tun.

Aus Angst zögere ich eine Entscheidung hinaus und verpasse dadurch die Möglichkeit, ein bedeutendes Ereignis mitzugestalten.

Aus Unsicherheit gelingt es mir nicht, meine Kinder in ihre nötigen Grenzen zu weisen. Dadurch machen Sie mit mir was Sie wollen und belasten meine Nerven über ein gutes Maß hinaus.

Aus Unzufriedenheit über mein Aussehen zweifle ich an mir, dass ich mich nicht traue, jemandem meine Gefühle zu zeigen, für den ich viel empfinde.

Aus dem Gefühl der Unzulänglichkeit stelle ich Erwartungen an mich, die ich nicht erfüllen kann. Dadurch werde ich überfordert, demotiviert und erschöpft.

An diesen kleinen Beispielen möge deutlich werden, wie sehr negative Gefühle unser Handeln nachteilig beeinflussen können. Wie lässt sich das umgehen?

Indem wir damit aufhören unsere negativen Gefühle zu verdrängen oder auszuleben. Selbstachtung verschafft uns die Möglichkeit, negative Gefühle gedanklich zu verarbeiten, statt sie in unserem Handeln wirken zu lassen. Dadurch entlasten wir uns ganz erheblich. Das Ausmaß dieser Entlastung mag einem, wenn man noch keine oder nur etwas Erfahrung mit dem Achten seiner negativen Gefühle hat, unerheblich oder zumindest nicht weltbewegend erscheinen. Schließlich handelt es sich um eine subtile Angelegenheit. Aber ist es nicht so, dass Entscheidungen in dem Moment, wenn sie getroffen werden, noch keine große Wirkung zeigen? Dennoch ruhen auf ihnen alle Folgen, die daraus hervorgehen. Wie auf dem Samenkorn in der Erde alles ruht, was danach daraus hervorgeht... Natürlich gibt es auch Entscheidungen, die sofort Folgen haben. Das sind Entscheidungen, die unser Handeln betreffen. Doch Entscheidungen, die unsere Gefühle betreffen, zeigen ihre Folgen erst allmählich. Ist das der Grund, warum auf diesem Gebiet so viel Unachtsamkeit herrscht? In einer Welt, die sich gerne am schnell äußeren Erfolg misst, wird leicht vergessen, dass es nicht nur kurzfristige, sondern auch mittelfristige und langfristige Wirkungen gibt. Sie sind auf Dauer die wichtigeren. Wer vor allem auf kurzfristige Wirkungen achtet, kommt nicht zur Ruhe; denn er schafft keine Verlässlichkeit. Die Menschen haben aber eine große Sehnsucht nach Verlässlichkeit. Und sie wird umso größer werden, je mehr in der Unruhe der Kurzfristigkeiten ihr Leben abläuft.

Wollen Sie aus diesem Kreislauf für sich und mit Wirkung auf Andere aussteigen und eine verlässliche Größe im menschlichen Leben sein? Wollen Sie auf Dauer Abschied nehmen vom Rennen nach Erfolgen, die keinen Bestand haben? Sehnen Sie sich nach einem Leben, Arbeiten und Einfluss-Nehmen auf die Gesellschaft, die von Umsicht, Zuversicht und Aussicht geprägt sind? Nein? Dann verfügen Sie über Lebensinhalte, die Ihnen wichtiger sind und zu denen der Verfasser dieses Buches keinen Zugang hat. Teilen Sie hingegen die genannte Auffassung, dann ist das wichtigste Mittel ihrer Umsetzung: das Achten negativer Gefühle.

Bearbeiten Sie zunächst die Frage: Welches Verhältnis habe ich zu meinen negativen Gefühlen? Lassen Sie sich Zeit für die Beantwortung, doch arbeiten Sie zügig. Sie werden wahrscheinlich erst später sehen, dass diese Thematik für unsere Kultur ein riesiges Problem darstellt, weil es uns mangelt an der Fähigkeit, mit negativen Gefühlen positiv umzugehen. Das wiederum hat zu tun mit der mangelnden Wertschätzung unseres Erfindungsgeistes. Es ist der wohlwollende Rat des Verfassers, dass Sie sich einräumen, im Umgang mit negativen Gefühlen etwas lernen zu können.

Sie tun gut daran, denn Sie sollten davon ausgehen, dass Sie darüber in unserer Gesellschaft nicht genügend lernen konnten. Um mehr Übersicht für gute Entscheidungen zu gewinnen, ist es erforderlich, mit Gefühlen, die uns die Übersicht erschweren, besser umzugehen. Dazu brauchen wir Ehrlichkeit zu uns selbst.

Ehrlichkeit zu sich selbst ist ein unsagbar kostbares Gut. In einer Welt, in der Verdrehen und Lügen schon fast zum guten Ton gehört, vergessen wir schnell, was alles davon abhängt, dass wir ehrlich zu uns selbst sind. Wie leicht kann es passieren, dass man sich selbst etwas vormacht, in dem Glauben, man habe alles im Griff? Sich solche Fehlbarkeit einzuräumen, trotz bestem Bemühen um einen klaren Kopf, tut wohl not. In gewisser Weise ist gerade das erforderlich, um sich achtsam auf seine negativen Gefühle einlassen zu können. Das gilt besonders für negative Gefühle, die nicht deutlich hervortreten, sondern sich nur schwach bemerkbar machen. Alle Übungen ab dem nächsten Kapitel verfolgen das Ziel, Ehrlichkeit zu sich selbst zu mehren. Dennoch sollten Sie hier erst einmal eine Bestandsaufnahme machen.

13. Übung: Welches Verhältnis habe ich zu meinen negativen Gefühlen?

Beschreiben Sie was Sie bei dieser Frage empfinden. Im Anschluss daran haben Sie die Möglichkeit, in den folgenden Kapiteln verschiedene Typen negativer Gefühle zu beobachten und sich damit auseinander zu setzen, wie Sie mit ihnen besser zurechtkommen können. Da es hier um ein unangenehmes Thema geht, machen Sie sich erneut bewusst: Schlechte Gefühle zu verdrängen führt dazu, dass sie aus dem Hintergrund Einfluss auf unsere Entscheidungen nehmen und diese nachteilig leiten. Solche Gefühle halten uns davon ab, die erforderliche Übersicht zu gewinnen, die wir brauchen, um uns so entscheiden zu können, dass die Folgen der Entscheidung zu unserer dauerhaften Zufriedenheit sind – statt dass wir nach kurzer Zeit einsehen müssen, dass es besser gewesen wäre, die Entscheidung anders zu treffen. Unterdrückte negative Gefühle machen kurzsichtig. Verarbeitete negative Gefühle erhöhen nicht nur unser Wohlbefinden, sie bewirken auch das, was wir uns ja alle sehr wünschen: Umsicht und die Fähigkeit, langfristig die Weichen in unserem Leben richtig zu stellen, auch für andere!

XV. Mangelnde Motivation

bedeutet fehlende Begeisterung für etwas, mit dem ich mich ursprünglich beschäftigen wollte oder mit dem ich mich wegen eines anderen Verlangens beschäftigen müsste, um diesem gerecht werden zu können. Das sind zwei unterschiedliche Ansätze. Im ersten Fall erlebe ich eine Änderung meines Bedürfnisses, im zweiten Fall bin ich konfrontiert mit den Folgen eines Bedürfnisses, dem ich gerecht werden will. In beiden Fällen fühle ich mich blockiert.

Beispiel für Fall eins. Schon lange wünsche ich mir, wenn ich Zeit dafür habe, Ordnung in meinen Unterlagen zu schaffen. Nun ist endlich die Gelegenheit dazu, doch mir fehlt jegliche Lust, meinen Wunsch in die Tat umzusetzen. Im Gegenteil, ich verspüre Unlust und würde mich am liebsten zerstreuen. – Es gibt nun zwei Möglichkeiten: Entweder ich zerstreue mich oder ich gehe den Ursachen meiner Unlust auf den Grund. Tun Sie letzteres, werden Sie hinterher zufriedener sein, als wenn Sie sich zerstreuen. Voraussetzung ist allerdings, dass Sie es schaffen Ihre Unlust anzunehmen, sich innerlich so einzustellen, dass Sie Ihrer Unlust liebevoll aufmerksam begegnen und fragen, was Ihnen Unlust bereitet.

Jede Unlust hat ihre Ursache und Unlust ist nicht gleich Unlust. Nehmen Sie Ihre Unlust an, erfahren Sie was hinter ihr steckt. Verbieten Sie sich nicht, Unlust zu haben; sondern erlauben Sie sich Ihre Unlust, ohne deswegen gleich vor ihr mit Ablenkung auszuweichen. Wenn Sie das schaffen, haben Sie schon halb gewonnen. Wenn Sie hingegen Ihrer Unlust einfach nachgeben oder wenn Sie sich verbieten Unlust zu haben, dann tun Sie etwas, dann tun Sie etwas, das Sie in Wahrheit nicht wollen und behindern sich damit selbst. Hinterher werden Sie sich ärgern, dass Sie sich nicht anders verhielten.

Hier sehen Sie ganz deutlich das Prinzip der Selbstachtung.

14. Übung: SELBSTACHTUNG HEISST NICHT, SEINE GEFÜHLE EINFACH AUSZULEBEN ODER SIE ZU UNTERDRÜCKEN, SONDERN SIE ANZUNEHMEN, UM VERSTEHEN ZU KÖNNEN, WAS HINTER IHNEN ALS URSACHE STEHT. DENN GEFÜHLE VERSTEHEN WIR NUR, WENN WIR SIE ACHTEN.

Lernen Sie diesen Leitsatz auswendig. Und machen Sie sich klar: Wenn ich mir den Kopf anstoße, begreife ich das Hindernis, an dem ich es tat, unabhängig davon, wie ich zu ihm eingestellt bin, egal ob ich es achte oder verachte. So funktioniert das physische Erkennen. Sobald es um das gefühlsmäßige Erkennen geht, funktioniert das Prinzip nicht mehr. Gefühle verstehen wir nur, wenn wir sie achten. Verlangen Sie jetzt keine Begründung, warum es so ist, sondern probieren Sie es einfach aus. Sie werden merken: Es ist so. Vielleicht finden Sie heraus, warum es so ist... Selbst wenn Sie tausendmal ein Gefühl ablehnen, werden Sie es nicht verstehen. Doch wenn Sie es einmal annehmen, öffnet sich Ihnen eine Türe für Ihr Verständnis. Sie geht umso weiter auf, je mehr Achtung Sie vor diesem Gefühl bekommen.

Wenn Sie nun sagen: „Was nützt es mir, meine Gefühle zu verstehen, ändern kann ich sie ja doch nicht?" dann überlegen Sie sich, ob das wirklich stimmt. Zweifellos: Gefühl ist Gefühl. Doch wenn ich verstehe woher es kommt, kann ich gezielt auf es eingehen, statt mich durch Leichtsinn zu zerstreuen oder durch Starrsinn gegen es zu wenden.

Wir neigen dazu, die Wirkung unserer Gedanken auf unsere Gefühle zu unterschätzen. Stellen Sie sich vor, jemand überbringt Ihnen eine furchtbare Nachricht und sie glauben ihm. Vielleicht werden Sie kreidebleich, oder Ihr Herz beginnt zu rasen. Oder Sie brechen weinend zusammen oder fallen sogar in Ohnmacht? Das geschieht alles nur auf Grund eines Gedankens, den Sie gerade glauben!!! Wenn Sie sich das vergegenwärtigen, können Sie kaum noch sagen, an Ihren Gefühlen ließe sich ja ohnehin nichts ändern. Vielmehr werden Sie sich darum bemühen, in Gedanken auf Ihre Gefühle einzugehen – in dem Wissen, dass Sie dadurch positiven Einfluss auf sie nehmen. Wie sehr kann es mich trösten, wenn ein anderer zu mir sagt: „Ich fühle mit dir, ich kann dich verstehen." Wenn ich empfinde, dass er es ernst meint, wird es mir helfen, besser mit etwas fertig zu werden. Sollte etwa diese heilsame Wirkung nur von den Gedanken anderer auf mich ausgehen? Nein, meine eigenen Gedanken stehen mir doch noch viel näher. Sie wirken und wirken – vor meinem Kopf kann ich niemals davonlaufen! Also ist es doch besser ihn zu erziehen zum Diener meines Herzens...

Der Umgang mit Unlust entscheidet darüber, ob ich sie gezielt beseitigen kann oder ob ich sie vor mir herschiebe. Anziehend und erfolgreich bin ich eher, wenn ich meine Unlust annehme, weil ich so die Voraussetzungen schaffe, meine Lust zu leben.

Beispiel für Fall zwei. Ich möchte in den Urlaub fahren, muss dafür allerdings erst genügend Geld beisammen haben. Um es zu bekommen, muss ich vermehrt arbeiten oder mehr sparen. Zu beidem habe ich keine Lust. Allein wenn ich daran denke, ärgere ich mich schon. Lieber verzichte ich auf den Urlaub. – Hier gilt es meine Unlust gegen vermehrtes Arbeiten oder vermehrtes Sparen anzunehmen, um mich in die Lage versetzen zu können, meinem Verlangen nach Urlaub gerecht werden zu können. In unserem Beispiel kommt Ärger als Hintergrund der Unlust ins Spiel. Näheres im Kapitel „Ärger" Es könnte auch etwas anderes dahinter stehen. In jedem Fall geht es erst einmal darum, die Unlust anzunehmen.

Wenn ich Unlust habe und sie annehme, dann öffne ich meine Gedanken für dasjenige Gefühl, welches danach verlangt, dass ich etwas ganz Bestimmtes tue, um aus dem Zustand des Unbehagens herauszukommen in den Zustand des Behagens. Mangelnde Selbstachtung führt dazu, dass wir mit diesem Gefühl – das ja doch ein Wegweiser ist – unaufmerksam umgehen und dadurch nicht rechtzeitig begreifen, was wir gerade brauchen! Die Selbstdisziplin besteht gerade darin, Unlust achtsam zu behandeln, um möglichst alles so schnell es eben geht auszuräumen, was unseren Schaffensdrang und unsere Lebensfreude beeinträchtigt. Hoch motivierte, sehr leistungsfähige Menschen besitzen die Fähigkeit, sich jederzeit auf das einzulassen, was sie gerade am meisten brauchen. Diese Fähigkeit lässt sich ausbilden und steigern. Durch nichts geht das so gut wie durch das Achten seiner Unlust.

Als Übung zur Klärung von Unlust ist folgendes Frageverfahren zu empfehlen:

15. Übung:
- 15.1. Was macht mir Unlust?
- 15.2. Warum macht es mir Unlust?
- 15.3. Wie kann ich meine Unlust lösen?

* * * * * * * * * *

- 15.4. Was möchte ich jetzt am liebsten tun?
- 15.5. Warum möchte ich es jetzt am liebsten tun?
- 15.6. Wie möchte ich es jetzt am liebsten tun?

Wenn Ihnen das nicht reicht, dann fragen Sie noch:

- 15.7. Wie achte ich meine Unlust?
- 15.8. Warum finde ich das Achten meiner Unlust gut?
- 15.9. Wie achte ich meine Selbstachtung?
- 15.10. Warum finde ich meine Selbstachtung gut?

Wenn Sie das ganz freundlich mit sich selbst durchgehen und sich auf diese Weise befragen, dann werden Sie ganz sicher Hinweise bekommen, was jetzt angesagt ist. Vielleicht sind Sie erschöpft? Oder frustriert? Lassen Sie es auf sich zukommen. Und machen Sie die Übung im Zweifelsfall schriftlich, da können Sie am besten verfolgen, was Sie plagt und was Sie brauchen. Das müssen Sie wissen, um einen geeigneten Weg finden zu können.

XVI. Mangelnde Fähigkeiten

empfindet der eine nicht, obwohl er offensichtlich auf einem bestimmten Gebiet sehr unbeholfen ist – während der andere sich extrem daran stört, wenn ihm etwas Bestimmtes nicht gelingt. Hintergrund dieses so gegensätzlichen Erlebens sind einerseits unsere Bedürfnisse, andererseits unsere Ansprüche. Die Kunst ist es, die Ansprüche an die Bedürfnisse anzupassen – nicht umgekehrt. Warum? Weil der Ausgangspunkt immer die Bedürfnisse sind. Hier einige Beispiele.

Ein Mensch ärgert sich darüber, dass es ihm nicht gelingt, sich alle Namen der Personen sofort zu merken, mit denen er zu tun hat. Er hat den Anspruch an sich, jeden den er kennt, mit Namen anzusprechen. Aus dem Geschäftsleben hatte er diesen Anspruch übernommen und verallgemeinerte ihn für sein ganzes Leben. Es ist ihm nicht bewusst, dass es ihm durchaus kein Bedürfnis ist, so viele Namen zuordnen zu können. Sondern der Perfektionsanspruch als Geschäftsmann treibt ihn zu dieser Haltung. Er empfindet sich als unzulänglich, wenn er ihm nicht gerecht werden kann und verachtet sich dafür. Was ihm entgeht: sein wirkliches Bedürfnis, das ihn davon abhält, jeden sofort beim Namen nennen zu können, mit dem er einmal sprach. Wäre dieses Bedürfnis stärker, würde er wohl mehr Namen schneller auswendig wissen.

Leider ist es nicht so einfach, sich von seinen Ansprüchen zu lösen und sie an seine Bedürfnisse anzupassen. Am meisten brauchen wir dafür WOHLWOLLEN mit uns selbst. Es hilft uns, den Kopf etwas loszulassen und mehr in unser Gefühl hineinzukommen. Dadurch nehmen wir besser wahr, was wirklich wichtig für uns ist.

Ein gegensätzliches Beispiel. Jemand vergisst regelmäßig Vereinbarungen, die er mit anderen traf. Er selbst findet das menschlich und normal. In seiner Umgebung hat er schon den Ruf, unzuverlässig zu sein und macht sich durch sein Verhalten unbeliebt. Massiv und immer wieder muss er darauf hingewiesen werden, sich doch an getroffene Vereinbarungen zu halten. Andere ärgern sich über sein Verhalten, er selbst hat immer eine Ausrede, warum er sie wieder enttäuschte. Der Mangel an Zuverlässigkeit stört ihn nicht. Was liegt hier vor? Dieser Mensch lebt sehr spontan und hat wenig Interesse an anderen. Er macht sich zu wenig bewusst, wie sein Verhalten auf andere wirkt. Er bräuchte mehr den Anspruch an sich selbst, zuverlässig zu sein, ja er müsste mehr Respekt vor Zuverlässigkeit entwickeln, zumindest aus der Sicht der anderen. Da er diesen nicht aufbringt, zumindest nicht im gewünschten Maße, müssen andere seinen Mangel an Zuverlässigkeit ausgleichen. Wie können sie das tun? Als Betroffener bin ich darauf angewiesen, mein Bedürfnis nach Zuverlässigkeit besonders zu achten, um mit Vereinbarungen mit dem besagten Menschen vorsichtig zu sein. Ich muss besonders viel INTERESSE an mir aufbringen, um seine Kopflosigkeit auszugleichen, damit ich keine Vereinbarungen mit ihm treffe, die er leichtsinnig trifft und nicht einhält.

Ein drittes Beispiel möge verdeutlichen, wie wichtig auch VERTRAUEN, vor allem Selbstvertrauen ist, um Mangel an Fähigkeiten geschickt auszugleichen. Schließlich leben wir in einer Welt der Unvollkommenheit und haben alle mehr oder weniger stark die Sehnsucht, vollkommener zu werden. Gerade wenn ich erkenne, dass ich auf einem bestimmten Gebiet besser werden will, zum Beispiel mit der Zeitplanung, ist es wichtig, dass ich auf diesem Gebiet besonders viel Selbstvertrauen übe. Warum? Weil ich dadurch genauer beobachte. Es herrscht leider das Missverständnis, dass Misstrauen besonders beobachtungsfähig mache. Genau das Gegenteil ist der Fall. Aktives Vertrauen – nicht Blindgläubigkeit – führt dazu, dass ich mich besser einlasse auf das, was ich beobachten will. Nur in dem Maße, wie ich mit Vertrauen Zeit plane, gewinne ich einen echten Bezug zu ihr. Im Misstrauen bleibt alles theoretisch, abstrakt und ohne gefühlsmäßigen Bezug. Will ich also meine Fähigkeiten entwickeln, brauche ich auf dem betreffenden Gebiet die Übung des Vertrauens.

An diesen drei Beispielen wird vieles deutlich, was wir im Umgang mit mangelnden Fähigkeiten benötigen. Und es kommt noch etwas hinzu, was wir brauchen: die richtige Selbsteinschätzung. Wie viel kann ich mir zumuten? Wozu bin ich tatsächlich in der Lage? Hier gilt das MAßHALTEN als oberstes Gebot. Doch die Tugenden bauen aufeinander auf: Maßhalten braucht Vertrauen, Vertrauen braucht Interesse, Interesse braucht Wohlwollen. Verliere ich das rechte Maß, gerät alles aus dem Gleichgewicht. Im Zweifelsfall sollten wir immer mit dem Wohlwollen beginnen.

Da auch Motivation eine Fähigkeit ist, können wir sagen:

16. Übung: WOHLWOLLEN, INTERESSE, VERTRAUEN UND MASSHALTEN IM UMGANG MIT SICH SELBST BILDEN DIE GRUNDLAGE FÜR DIE NUTZUNG UND DIE ERWEITERUNG UNSERER FÄHIGKEITEN, AUCH IM UMGANG MIT ANDEREN.

Wenn Sie sich davon überzeugen konnten, lernen Sie auch diesen Satz auswendig und meditieren Sie ihn.

Da mangelnde Fähigkeiten oft zu Konflikten führen, im Umgang mit sich selbst wie mit anderen, vor allem durch die häufige Wiederholung bestimmter Situationen, ist es ein heißes Thema. Mit der folgenden Übung können Sie gezielt eingreifen, auch um verfahrene Situationen schrittweise wieder zu entspannen und um sich grundlegend zu orientieren, was erforderlich ist zur besseren Bewältigung von Aufgaben.

17. Übung:
17.1. Woran mangelt es mir?
17.2. Warum mangelt es mir?
17.3. Wie kann ich den Mangel ausgleichen?
* * * * * * * * * *
17.4. Was brauche ich?
17.5. Warum brauche ich es?
17.6. Wie brauche ich es?
* * * * * * * * * *
17.7. Wie achte ich mein Lernen?
17.8. Warum finde ich das Achten meines Lernens gut?
17.9. Wie achte ich meine Selbstachtung?
17.10. Warum finde ich meine Selbstachtung gut?

Es geht hier in erster Linie darum, dass Sie Ihr Selbstbewusstsein stärken – nicht durch Anfeindung anderer, sondern durch bessere Orientierung, was Sie brauchen. Dies wirkt heilsam auf die ganze Situation, weil Sie sich auf das konzentrieren, was Sie selbst beitragen können, um den Konflikt zu entschärfen. Dabei hilft auch die Frage:

18. Übung: Was will ich vom andern und wie verwirkliche ich es an mir selbst?

Nehmen Sie sich vor, alle Kraft dafür zu verwenden, sich so klar wie möglich zu machen, was Sie genau möchten und was Sie dafür tun können, dass Sie es bekommen, indem Sie es sich selbst geben.

Verschwenden Sie keine Zeit darauf, Ihre Unzufriedenheit am andern auszulassen, sondern gehen Sie in sich, um zu klären, was Ihre Bedürfnisse sind.

Viele Konflikte rühren daher, dass beide Seiten nicht genau genug wissen, was sie wollen, doch vom andern erwarten, er solle die Unzufriedenheit beseitigen.

Setzten Sie sich im Umgang mit dem andern konkrete Ziele, die Sie sich erarbeiten aus sich heraus. Versuchen Sie nicht, den andern dafür verantwortlich zu machen, dass er Ihre Bedürfnisse erfüllt – sondern grenzen Sie sich von ihm ab und sorgen Sie selbstständig dafür, dass Sie das bekommen, was Sie brauchen. Versuchen Sie dabei weder gehässig zum andern zu sein, noch gehen Sie darauf ein, wenn er sie ärgert. Konzentrieren Sie sich einfach mit aller Kraft auf das, was Ihnen wichtig ist.

So setzen Sie positive Signale, indem Sie zeigen: Ich bin selbstständig und tue das, was ich will. Damit verschaffen Sie sich Respekt und zugleich Befriedigung Ihrer eigenen Bedürfnisse! Die genannten Übungen können sehr dabei helfen.

Mangelnde Fähigkeiten können auch zu Selbsthass führen. Wenn ich etwas immer wieder nicht schaffe so wie ich es möchte, obwohl ich sehr darum kämpfe, kann ich in eine Haltung verfallen, mit der ich mir selbst schade: Selbstablehnung. Oft sind es mangelnde Fähigkeiten, die zu Selbstablehnung führen. Doch Achtung: Es ist eine schlechte Spirale, in der ich mich verfange, wenn ich mich wegen mangelnder Fähigkeiten ablehne. Ich werde es dadurch keinesfalls leichter haben meinen Zustand zu verbessern! Im Gegenteil, meine Erwartungen und meine Handlungen werden weiter und weiter auseinanderklaffen. Deshalb sollte ich vorsichtig mit zu hohen Erwartungen an mich selbst sein.

Ich tue gut daran, mir keine Dinge abzuverlangen, die mich traurig, unzufrieden, erschöpft oder verzweifelt machen. Es ist besser, wenn ich mich frage, warum ich lebe. Stelle ich mir die Frage, sollteich zulassen, wenn ich keine Antwort habe:

19. Übung: Warum lebe ich?

Bleiben Sie vor dem Abgrund stehen, in den Sie möglicherweise innerlich blicken müssen, wenn Sie diese Frage stellen. Und dann üben Sie Wohlwollen mit sich selbst, entwickeln Sie Interesse an sich selbst, vertrauen Sie sich selbst. So kommen Sie Schritt für Schritt heraus aus jenen unmäßigen Erwartungen, mit denen Sie sich quälen.

Wir Menschen haben zeitlebens zu tun mit Grenzen, die wir gerne erweitert hätten. Es ist die Kunst des Lebens, so damit umzugehen, dass wir Sie erweitern KÖNNEN. Diese Kunst will gelernt sein.

XVII. Zeitmangel

Zweifellos hat die verfügbare Zeit Grenzen. Diese gilt es auszuschöpfen, indem wir immer das tun, was die jeweils größte Bedeutung für uns hat. Dafür gibt es ein wunderbares Hilfsmittel.

20. Übung:
   - 20.1. Was möchte ich jetzt am liebsten tun?
   - 20.2. Was brauche ich?
   - 20.3. Was ist meine Frage?
   - 20.4. Was ist jetzt am wichtigsten zu tun?

Mit der ersten Frage schauen wir auf unsere Motivation. Entscheidend ist dabei, dass wir uns auf unser Herz konzentrieren. Denn dort empfinden wir unsere Bedürfnisse. – Es ist sehr wichtig, immer das größte Bedürfnis zuerst zu erfüllen. Warum? Weil es uns am meisten beschäftigt. Sobald es nicht mehr das größte Bedürfnis ist, tritt ein anderes Bedürfnis an die erste Stelle. Diese Vorgehensweise erfordert eine gewisse Ausdauer der Aufmerksamkeit. Denn es geht ja um eine andauernde Beobachtung des Herzens. Sie gelingt mit umso besser, je freundlicher ich im Scheitel zu mir bin. Fehlt mir diese Freundlichkeit im Scheitel, so passiert es leicht, dass ich statt in mein Herz in meinen Bauch „schaue". Damit bekomme ich ein ernsthaftes Problem. Warum? Weil der Bauch das Zentrum unserer Willenskräfte ist, die wir nicht verstehen können, wenn wir es nicht über unsere Gefühlskräfte, unsere Herzenskräfte tun. Die Verstandeskräfte, über die wir im Kopf unser Bewusstsein ausbilden, haben nicht die Fähigkeit, sich in den Willenskräften direkt zu orientieren. Tun sie das, werden wir gefühllos

in unseren Entscheidungen, herzlos. Herzlose Entscheidungen sind ein großes Übel für die Menschheit und keinesfalls erstrebenswert. Das so genannte Entscheiden aus dem Bauch heraus, sofern es tatsächlich ein solches ist, bringt Probleme. Erstrebenswert ist das Entscheiden aus dem Herzen heraus. Alles was Sie als Leser und Anwender dieses Buches tun, sollen Sie tun aus der Konzentration auf das Herz. Was sich Ihnen daraus ergibt, wird Sie weiterbringen. Doch damit diese Konzentration gelingt, brauchen wir die Übung, im Scheitel freundlich zu uns selbst zu sein, so wie es im Kapitel „Hemmnisse und ihre Überwindung" schon angedeutet ist. Durch diese Gedankenhaltung der Achtsamkeit (Freundlichkeit zu uns selbst im Scheitel) haben wir die Kraft, uns auf unser Herz zu konzentrieren. So sollte die genannte Übung gemacht werden, nicht anders.

Damit kommen wir zur zweiten Frage. Sie gereicht uns zu einer verstärkten Beschäftigung mit dem Bedürfnis, das wir mittels der ersten Frage erfassten. Wir kommen damit wieder in den Kopf, indem wir überlegen, wie wir dem besagten Bedürfnis am besten Rechnung tragen.

Daraus ergibt sich schließlich die dritte Frage, mit der wir die Aufgabenstellung formulieren, um die es nun geht, um unser Bedürfnis in der richtigen Weise zur Tat zu führen. Erst jetzt gelangen wir in unser Wollen, das sich in der Herzensfrage ausdrückt. Und dabei werden wir konfrontiert mit den äußeren Umständen, in denen wir uns gerade befinden.

Die vierte Frage deutet darauf hin, was wir tun müssen, um unserer Herzensfrage angemessen nachgehen zu können. Es laufen im Leben ja stets viele Dinge gleichzeitig ab. Damit wir nicht nur auf uns selbst schauen, sondern die gesamten Umstände berücksichtigen, muss an dieser Stelle die Frage gestellt werden, die nicht mehr von uns ausgeht, sondern von den Dingen ausgeht. So stellen wir das Gleichgewicht her.

Was möchte ich jetzt am liebsten tun?
Blick auf die eigenen Bedürfnisse.

Was brauche ich? Auseinandersetzung
mit dem jeweils stärksten Bedürfnis.

Was ist meine Frage? Überlegung, was die konkrete Aufgabe ist,
die sich für mich aus meinem Bedürfnis ergibt.

Was ist jetzt am wichtigsten zu tun? Blick in den Lebenszusammenhang,
in dem ich stehe, wie ich dort mit meiner Frage bestehen kann.

Gefühl

Verstand

Wille

Tat

Aus dem Gefühl schöpfen wir die Gedanken, die wir zum Willen formen, den wir in die Tat umsetzen.

Sie können dieses Frageprinzip jederzeit und auf alles ohne Ausnahme anwenden, wenn Sie sich gezielt betätigen möchten. Trotzdem oder gerade deshalb werden Sie vielleicht Zeitmangel empfinden. Dann sagen Sie sich: Je aufmerksamer ich lebe, desto mehr werden mir meine Bedürfnisse bewusst, für die ich meine Zeit nutzen möchte.

Mit nichts nutzen wir unsere Zeit wirkungsvoller, als wenn wir es schaffen unsere Herzensfragen zu formulieren. Dieses Buch entstand aus der lebendigen Erfahrung und der tausendfach geprüften Erkenntnis, dass die Herzensfragen eines Menschen dasjenige sind, was die Quelle seiner Lebensmotivation bildet. Herzensfragen sind also das Wertvollste, was wir überhaupt haben, denn sie entscheiden darüber, ob und wie wir leben wollen.

Mit meinen Herzensfragen gestalte ich meine Lebenszeit, mein Schicksal ebenso wie die allgemeine Zeitlage, in die ich geboren wurde. Sie sind der Puls meines Lebens, an dem sich alles entscheidet.

Wie schaffe ich es, mir meine Herzensfragen bewusst zu machen, so dass der Kopf sie aufgreifen und mit ihnen arbeiten kann? Um dieser Frage willen wurde dieses Buch geschrieben. Denn geht der Kopf anderen Fragen als den Herzensfragen nach, führt es zu Leid. Und je länger er es tut, desto größer wird das Leid. Auch das Leid, das dabei anderen zugefügt wird. Denn so wie ich mit mir umgehe, tue ich es auch mit anderen.

Was hat das mit Zeitmangel zu tun? Es gibt im wesentlichen zwei Ursachen für Zeitmangel: mangelhafte Aufmerksamkeit in der Lebensführung und widrige Umstände. Der Ansatz für Verbesserung liegt grundsätzlich und ausschließlich bei der aufmerksameren Lebensführung. Denn will ich mit widrigen Umständen fertig werden, muss ich mich besser organisieren. Das heißt: Meine Kräfte, Fähigkeiten und Aktivitäten sollten so gezielt wie nur möglich auf dasjenige gerichtet werden, was mir am meisten bedeutet. Die Entscheidung, was mir jeweils am meisten bedeutet, ist Herzenssache. Ist sie das nicht, dann gibt es Elend... früher oder später.

Eine der wirkungsvollsten Möglichkeiten, seine Energien in die richtige Richtung zu bündeln, ist das Achten seiner Fragen. Wenn ich meine Fragen achte, drängen sie leichter herauf und werden mir bewusst. Ein Unwohlgefühl im Herzbereich deutet oft darauf hin, dass die dort unterbewusst wirkenden Fragen mehr Achtung brauchen, damit sie meinem Kopf zugänglich werden. Je mehr der Kopf sich darum bemüht, die Herzensfragen zu achten, desto besser gewinnt er Übersicht über das, was das Herz bewegt und kann sich daran ausrichten.

Haben Sie also das Gefühl, dass Ihnen die Zeit davonläuft, so dass Sie sich innerlich unter Druck fühlen, halten Sie inne und suchen Sie mit der folgenden Übung Ihre Ruhe wieder:

21. Übung

21.1. Was suche ich?
21.2. Warum suche ich es?
21.3. Wie kann ich es finden?
* * * * * * * * * *
21.4. Was ist meine Frage?
21.5. Warum ist es meine Frage?
21.6. Wie setze ich mich mit meiner Frage auseinander?
* * * * * * * * * *
21.7. Wie achte ich meine Fragen?
21.8. Warum finde ich das Achten meiner Fragen gut?
21.9. Wie achte ich meine Selbstachtung?
21.10. Warum finde ich meine Selbstachtung gut?

Lassen Sie sich von dieser Fragenfolge anregen. Lassen Sie die Fragen ruhig auf sich wirken. Spüren Sie ihren Fragen nach. Suchen Sie das Selbstgespräch mit sich. Reden Sie auch laut, wenn Ihnen danach zumute ist. Es ist etwas anderes, ob Sie Ihre Gedanken nur im Kopf herumwälzen, oder ob Sie etwas ausformulieren. Was Sie sogar schriftlich formulieren, das können Sie genau festlegen, ändern, wiederholen, ergänzen, weglegen, wieder herausnehmen, zur Erinnerung irgendwo aufstellen. Und während Sie schreiben, fällt Ihnen wahrscheinlich immer noch etwas ein, was beim Sprechen verschwiegen geblieben wäre. Gerade die Dinge, die einem schwer fallen, möchten manchmal nicht über die Lippen, kommen aber in aller Stille auf dem Papier zum Vorschein. Dann stehen sie da – und nach einiger Zeit lesen Sie es wieder und es kommt Ihnen eine Erleuchtung. Keine Zeit? Dann eben nicht. Jeder entscheidet selbst, was ihm am wichtigsten ist. Nur bedenken Sie, was Herzensfragen bedeuten: Das was Ihr Herz am tiefsten bewegt. Dafür sollten Sie sich die größte Mühe geben. Gerade dann, wenn Sie unter Zeitdruck stehen. Denn dann brauchen Sie das Formulieren ihrer Herzensfragen am allermeisten!

XVIII. Kraftmangel

Hier geht es um das Thema Gesundheit. Es ist ein extrem ernstes Thema, denn ohne Gesundheit scheitert alles. Wir müssen uns daher die Mühe machen und uns fragen, was wir für unsere Gesundheit brauchen und was nicht. Das ist in der Tat eine Sache des Maßhaltens. Setzen Sie deshalb die 20. Übung an, präzisieren Sie damit Ihre Vorstellungen von dem was Sie brauchen und arbeiten Sie an der Umsetzung so gut Sie es können.

Ein besonderer Rat sei hier gegeben, dessen Tragweite uns leicht entgeht, wenn wir unsere Kräfte versuchen bestmöglich zu nutzen: Achten Sie Ihr Bedürfnis nach Ruhe. Es hilft in hohem Maße auf die Gesundheit zu achten und rechtzeitig aufzuhören, bevor Sie sich überlasten. Wenn es eine spezielle Übung für die Gesundheit gibt, dann diese. Dabei können wir natürlich auch so vorgehen, dass wir uns fragen, was uns beunruhigt – um dann gezielt das zu verfolgen, was uns mehr Ruhe bringt.

22. Übung:
22.1. Was beunruhigt mich?
22.2. Warum beunruhigt es mich?
22.3. Wie kann ich zur Ruhe kommen?

* * * * * * * * * *

22.4. Wie möchte ich zur Ruhe kommen?
22.5. Wie achte ich mein Bedürfnis nach Ruhe?
22.6. Warum finde ich das Achten meines Bedürfnisses nach Ruhe gut?
22.7. Wie achte ich meine Selbstachtung?
22.8. Warum finde ich meine Selbstachtung gut?

* * * * * * * * * *

22.9. Wie komme ich zur Ruhe?
22.10. Wie achte ich meine Ruhe?
22.11. Warum finde ich das Achten meiner Ruhe gut?
22.12. Wie achte ich meine Selbstachtung?
22.13. Warum finde ich meine Selbstachtung gut?

Sie sehen an den Fragen 22.1.-3., dass es die Möglichkeit gibt, gezielt nach den negativen Ursachen zu fragen – wenn Sie das möchten. Es kann helfen.

Hier werden verschiedene Möglichkeiten aufgezeigt, wie Sie mit Hemmnissen umgehen können. Falls Sie unter Kraftmangel leiden: In der Ruhe liegt die Kraft – dieses Sprichwort ist wohl wahr.

Deshalb sei an dieser Stelle besonders empfohlen eine Übung zu machen, die so unscheinbar und doch so wirksam ist: Gedanken anhalten. Versuchen Sie es, auch wenn es anfangs vielleicht nicht gelingt. Bringen Sie Ihre Gedanken in aller Ruhe zur Ruhe und suchen Sie die Stille in Ihrem Kopf. Jeder Gedanke, der aufkommt, geht ins Nichts – ins liebevoll erfüllte Nichts, in die Unendlichkeit aller Möglichkeiten. Das Verharren mit den Augen in einer ruhigen Kerzenflamme kann dabei helfen.

Mit etwas Übung werden Sie merken, dass auf diese Weise die Ursachen der Beunruhigung umso deutlicher hervortreten und es klar wird, was Sie tun müssen, um sie zu beseitigen. Wenn Sie es als nützlich empfinden, ersetzen Sie daher die gesamte 22. Übung durch das minutenlange (oder auch nur sekundenlange) Anhalten Ihrer Gedanken. Spüren Sie was Ihnen hilft! Bringen Sie auf diese Weise durch kleine tägliche Übungen mehr Ruhe in Ihr Leben...

Legen Sie sich ein eigenes Dokument an, in das Sie alles schreiben, was Sie ausdrücken möchten, wenn Sie zuvor Ihre Gedanken angehalten und innere Stille und Leere meditiert hatten.

23. Übung: ICH BRINGE MEINE GEDANKEN LIEBEVOLL ZUR RUHE UND SUCHE NACH INNERER STILLE UND LEERE, SPÜRE IN MICH HINEIN, LASSE ALLES AUFSTEIGEN WAS MEIN HERZ BEWEGT UND SCHREIBE ES ANSCHLIEßEND AUF.

XIX. Geldmangel

Ein Thema der besonderen Art ist Geldmangel. Da man ja bekanntlich für Geld fast alles kaufen kann – Selbstachtung gehört allerdings nicht dazu, abgesehen von der Anleitung – spielt es schon eine große Rolle, ob wir über genügend Geld verfügen oder nicht. Der Maßstab, was genügend Geld für Sie ist, sollte von Ihnen mit Hilfe Ihrer Selbstachtung erarbeitet und dann gezielt umgesetzt werden. Entscheidend ist dabei, dass Sie Ihre Bedürfnisse im Umgang mit Geld achten.

In diesem Zusammenhang gilt es ein häufiges Missverständnis auszuräumen. Man redet von finanziellen Bedürfnissen. Damit sind Bedürfnisse gemeint, welche wir mit Hilfe des Geldes befriedigen möchten. Es sind allerdings keine Bedürfnisse, die wir ans Geld haben, sondern die wir mit Hilfe des Geldes erfüllen können. Das ist ein wichtiger Unterschied. Sprechen wir deshalb von Bedürfnissen im Umgang mit Geld, nicht von finanziellen Bedürfnissen, die es nämlich nicht gibt.

Die Beziehung eines Menschen zum Geld hat nachhaltigen Einfluss auf sein ganzes Leben. Sie verdient daher sorgfältige Beachtung. Machen Sie hierzu eine Übung.

24. Übung:

24.1. Welche Beziehung habe ich zum Geld?
24.2. Warum habe ich diese Beziehung zum Geld?
24.3. Wie kann ich meine Beziehung zum Geld verbessern?

* * * * * * * * * *

24.4. Wie möchte ich meine Beziehung zum Geld verbessern?
24.5. Wie achte ich meine Bedürfnisse im Umgang mit Geld?
24.6. Warum finde ich das Achten meiner Bedürfnisse im Umgang mit Geld gut?
24.7. Wie achte ich meine Selbstachtung?
24.8. Warum finde ich meine Selbstachtung gut?

* * * * * * * * * *

24.9. Wie verbessere ich meine Beziehung zum Geld?
24.10. Wie achte ich mein Geld?
24.11. Warum finde ich das Achten meines Geldes gut?
24.12. Wie achte ich meine Selbstachtung?
24.13. Warum finde ich meine Selbstachtung gut?

Die Ergebnisse Ihrer Selbstbefragung werden Ihnen zeigen was Sie zu tun haben.

Wenn Sie das Gefühl haben, dass Sie nicht genügend Geld haben – das gegenteilige Gefühl, dass Sie zuviel Geld haben, wird sich wohl kaum einstellen, weil Sie ihr Geld ja immer sinnvoll nutzen können – sollten Sie das ernst nehmen. Geld ist ein Werkzeug, das wir gut oder schlecht gebrauchen können. Wenn Sie ihre Bedürfnisse im Umgang mit Geld achten, werden Sie daran arbeiten, ihr Geld für Ihre größten Bedürfnisse zu nutzen. Und wenn Sie ihr Geld achten, wird es sich auf Dauer mehren.

Denn wer gut mit Geld umgeht, der kann es so einsetzen, dass er auf Dauer mehr davon hat.

Die Selbstachtung geht immer weiter. In diesem Buch sind wesentliche Ansätze dargestellt, doch keinesfalls alle und ebenso wenig die sich daraus ergebenden Erweiterungen und Vertiefungen. Siehe Kapitel „Weitere Veröffentlichungen zum Thema Selbstachtung".

Gehen Sie davon aus, dass mit jedem Schritt, den Sie in der Selbstachtung tun, eine veränderte Aussicht für Sie entsteht. Mit der Zeit werden die Aussichten immer besser – was nicht heißt, dass Sie nicht mehr mit Problemen konfrontiert sein werden, aber Sie werden sie immer besser lösen können.

Geld spielt dabei auch eine Rolle. Nehmen Sie sich vor, nichts wegen des Geldes, sondern alles wegen Ihrer Bedürfnisse zu tun. Achten Sie ihre Bedürfnisse im Umgang mit Geld, so werden Sie gezielt mit Geld umgehen, weil Sie es genau dort einsetzen, wo es Ihnen entspricht. Das ist ganz wesentlich. Fehlt Ihnen Geld, werden Sie durch das Achten Ihrer Bedürfnisse im Umgang mit Geld danach trachten, genau damit Geld zu verdienen, was Ihnen am meisten entspricht. Keinesfalls werden Sie irgendetwas tun, nur um Geld zu verdienen. Sie werden haargenau das tun, was Sie am liebsten tun möchten. Auf diesem Weg werden Sie sich sagen: Ich folge meiner Berufung, dem was mir am meisten entspricht. Sie werden die Geschicklichkeit entwickeln, sich mit Ihren persönlichen Voraussetzungen auf den Markt einzustellen. Das macht Sie erfolgreich. Wenn Sie dieses Prinzip durchschauen, werden Sie wissen: Ich tue nichts wegen des Geldes, sondern alles wegen meiner Bedürfnisse. Und da Sie nicht nur körperliche, sondern auch soziale und geistige Bedürfnisse haben, werden Sie das Geld, über welches Sie verfügen, in dieser dreifachen Weise nutzen.

Selbstachtung im Umgang mit Geld heißt, das Geld in den Dienst des Menschen zu stellen. Das Sprichwort „Geld regiert die Welt" wird dabei abgelöst. An seine Stelle tritt: „Geld dient dem Menschen." Selbstachtung macht es möglich!

Voraussetzung für diese Veränderung ist allerdings eine solide Berufsorientierung mit Hilfe der Selbstachtung. Hierzu sei verwiesen auf den praktischen Leitfaden: „Berufsorientierung im Einklang zwischen Individuum und Gesellschaft" vom selben Verfasser.

XX. Ärger

Der Ursprung aller Hemmnisse in uns ist unverarbeiteter Ärger. Um das verstehen zu können, müssen wir uns klar machen, was Ärger ist. Der Einfachheit halber fassen wir unter dem Wort Ärger alles zusammen, was von der Richtung her ärgerlich ist: Zorn, Hass, Wut, Unmut, Ekel, Widerwille, Gereiztheit, Aggression, Ablehnung. Es ist unschwer zu erkennen, dass solche Gefühle Verachtung erzeugen, wenn wir nicht aufmerksam mit ihnen umgehen. <u>Da Verachtung das Ende der Möglichkeit ist, aus Übersicht zu entscheiden, ist es unerlässlich, dass wir vermeiden, dass es überhaupt so weit kommt, dass wir Ärger anstauen und daraus Verachtung entsteht.</u> Vielmehr sind wir darauf angewiesen, mit ärgerlichen Gefühlen so aufmerksam umzugehen, dass wir so schnell wie möglich unsere Konsequenzen daraus ziehen und uns entsprechend verhalten.

In aller Deutlichkeit versteht sich dieses Prinzip, wenn wir uns folgendes bewusst machen. Ärgerliche Gefühle bedeuten immer, dass etwas nicht so läuft, wie ich es möchte. Was mir daher hilft diese Gefühle zu überwinden, ist eine verstärkte Bewusstmachung meines Wollens, eine genauere Vorstellung von dem was ich will, so dass ich gezielter auf mein eigenes Wollen eingehen kann. Wir Menschen unterschätzen häufig die Bedeutung dieses Vorgangs, bleiben stehen bei Vorstellungen von dem, was wir nicht wollen und vergessen uns zu überlegen, was wir genau wollen. Die Folge ist immer Unzufriedenheit. Sie wird umso schlimmer, je mehr wir ärgerliche Gefühle mit uns herumschleppen und es unterlassen, sie so aufmerksam zu behandeln, dass wir uns danach auf das Positive konzentrieren können.

Im Grunde muss jeder Ratgeber zur Lebensführung in seinem Wert gemessen werden an der Frage, wie er dazu anleitet, Gefühle des Ärgers zu behandeln. Denn damit steht und fällt die Möglichkeit, sein Leben wirklich in die Hand zu nehmen und zu vermeiden, Verachtung aufzubauen. Denn Verachtung verhindert, dass wir die Übersicht erlangen können, die wir für sinnvolle Entscheidungen unbedingt brauchen.

In der modernen Persönlichkeitsschulung wird häufig der Begriff des positiven Denkens verwendet. Meint dieses, dass man sich angenehme Vorstellungen bilden und unangenehme meiden soll, erregt die Aussage Widerspruch. Denn wenn ich mein Denken nicht genügend auf das Achten negativer Gefühle lenke, werde ich zwangsläufig solche Vorstellungen aufbauen, die meine unangenehmen Gefühle bloß umgehen, statt ihre Ursachen zu beseitigen. Im Kapitel „Sein-Wollen und Sein" ist das an einem Beispiel ausführlich beschrieben. Das Prinzip der Selbsteinrede, so wird daran deutlich, hat niemals die Kraft der liebevollen Selbstbefragung. Sie schafft die Voraussetzung, aus eigener Anstrengung einen Weg zu finden, um seine Herzensanliegen einerseits zu ergründen, andererseits in die Tat umzusetzen. Wie soll das anders machbar sein als mit Fragen, die das Herz bewegen? Wenn das Denken vor allem damit beschäftigt ist, sich etwas einzureden, statt sich selbst zu befragen, besteht die große Gefahr, dass es nicht nur einseitig wird, sondern auch gefühllos. Gefühle des Ärgers geraten dabei allzu leicht ins Hintertreffen, werden entweder verdrängt oder bloß ausgelebt. Im ersteren Fall entsteht Gewalt gegen sich selbst, im zweiten Fall Gewalt gegen andere. Es kann ganz subtil beginnen...

Es kann gar nicht genug hervorgehoben werden, wie unerlässlich es ist, Gefühle des Ärgers nicht mit irgendwelchen Vorstellungen beiseite zu schieben, sondern sie zu achten. Wenn wir unser Wollen LIEBEVOLL leben wollen, MÜSSEN wir unseren Ärgergefühlen achtsam, aufmerksam, sorgfältig begegnen. „Positives Denken" ist nur dann diesen Namen wert, wenn es ein Denken ist, das so mit Ärger umgeht und ernsthaft an der Überwindung seiner Ursachen arbeitet, statt mit rücksichtsloser Manier eigene Interessen auf Kosten anderer durchzusetzen. So genanntes positives Denken, das zu Gewalttätigkeit und zur Verletzung von Menschenrechten führt, beweist damit, dass es mit Ärger nicht achtsam umgeht, sondern ihn bloß auslebt. Selbstachtung heißt aber, seine Gefühle weder zu unterdrücken noch auszuleben, sondern sie anzunehmen, sich zu besinnen und dann ehrlich zu prüfen, welche Entscheidung die beste ist. Lügenhaftigkeit – egal ob ich mich selbst oder andere belüge – beweist gerade, dass es an echter Selbstachtung fehlt. Denn Selbstachtung macht ehrlich – so wie Ehrlichkeit nach Selbstachtung verlangt. Echtes positives Denken entsteht vor allem am Achten seines Ärgers.

Wir brauchen also dringend ein Verständnis davon, wie wir unsere ärgerlichen Gefühle so aufmerksam behandeln, dass wir es schaffen unser eigenes Wollen genauer zu erfassen. Hierzu möchte ich die folgende Übung anleiten.

25. Übung:

- 25.1. Was ärgert mich?
- 25.2. Warum ärgert es mich?
- 25.3. Wie kann ich meinen Ärger überwinden?

* * * * * * * * * *

- 25.4. Was möchte ich tun?
- 25.5. Warum möchte ich es tun?
- 25.6. Wie möchte ich es tun?

Es kann uns nun passieren, dass wir nur ein dumpfes, ärgerliches Gefühl wahrnehmen und es nicht schaffen die oben genannten Fragen zu beantworten. In diesem Fall hilft es, folgende Fragen ganz ruhig zu wiederholen:

- 25.7. Wie achte ich meinen Ärger?
- 25.8. Warum finde ich das Achten meines Ärgers gut?
- 25.9. Wie achte ich meine Selbstachtung?
- 25.10. Warum finde ich meine Selbstachtung gut?

Machen Sie letztere Fragen so lange durch, bis Sie erstere bearbeiten können. So lösen Sie Ihren Ärger. Und denken Sie daran: Diese Übung ist für die Selbstachtung die allerwichtigste!

Durch die genannte Vorgehensweise ist es möglich, dass Sie zunächst formulieren, was Sie ärgert und anschließend das, was Sie wollen. In dieser Reihenfolge müssen Sie vorgehen, um weiterzukommen. Auf der Grundlage, dass wir unseren Ärger achten, können wir aussprechen was uns genau ärgert. Und ist das geschehen, sollten wir sofort den nächsten

Schritt tun und sagen was wir wollen. Das, was wir wollen, verwandeln wir sodann in eine Wie-Frage.

Beispiel: Ich ärgere mich über einen Geschäftskollegen. Ich nehme meinen Ärger an, formuliere für mich genau, was mich an ihm ärgert. Dann sage ich mir, was ich von ihm will. Ich stelle fest: Ich will, dass er aufmerksamer mit mir umgeht. Nun frage ich mich: Wie gehe ich aufmerksamer mit mir um? Ich kann auch fragen: Wie achte ich mein Bedürfnis, dass Kollege X aufmerksamer mit mir umgeht? Warum finde ich das Achten meines Bedürfnisses, dass Kollege X aufmerksamer mit mir umgeht, gut? Wie achte ich meine Selbstachtung? Warum finde ich meine Selbstachtung gut? Dann kann ich auch noch fragen: Womit möchte ich bei mir aufmerksamer umgehen?

Es geht immer um das Achten einerseits, das Präzisieren andererseits. In diesem Wechselprozess suchen Sie immer wieder nach Ihren Fragen, geben Antworten darauf und fragen wieder, indem Sie aus der Antwort eine oder mehrere neue Fragen entwickeln. Es sind häufig Wie-Fragen. Das machen Sie so lange, bis Sie schließlich bei einer Frage angelangt sind, auf die Sie keine Antwort mehr haben und bei der Ihnen Ihr Herzgefühl ganz ruhig und deutlich vermittelt: Das ist meine Frage. Diese Frage meditieren Sie, das heißt, Sie wiederholen sie ganz ruhig, innerlich oder äußerlich sprechend und bündeln damit Ihre Aufmerksamkeit genau in diejenige Richtung, nach der Sie verlangen.

Dieses Verfahren ist sehr wirkungsvoll, weil Sie alle Ihre Sinne dorthin wenden, wohin Sie wollen. Damit erreichen Sie dreierlei: Erstens bleiben Sie nicht bei Ihrem Ärger stehen, sondern gehen weiter. Zweitens setzen Sie sich ganz gezielt für das ein, wonach Sie verlangen. Drittens gehen Sie anderen mit gutem Vorbild voraus, indem Sie sich so verhalten, wie Sie selbst behandelt werden wollen.

Wenn Sie so üben, bilden Sie eine Fähigkeit aus – im Umgang mit Ihrem Ärger und auf der Suche diesen zu lösen – die heißt ganz einfach GEDULD. Den Wert der Geduld können wir nicht ermessen, wenn wir ungeduldig sind. Aber wir können uns erinnern an das, was in der 16. Übung steht: „Wohlwollen, Interesse, Vertrauen und Maßhalten im Umgang mit sich selbst bilden die Grundlage für die Nutzung und die Erweiterung unserer Fähigkeiten, auch im Umgang mit anderen." Wenn Sie bei der 25. Übung merken, dass Sie mit Ihrem Ärger nicht fertig werden, sollten Sie sich diesen Satz wieder sagen.

In Goethes Faust gibt es eine Stelle, die den Auftakt bildet für das Unglück, in das er sich und Gretchen hineinreißt: „Fluch sei der Hoffnung! Fluch dem Glauben, Und Fluch vor allen der Geduld!" Hier verliert Faust sein Wohlwollen. Aber vom Wohlwollen geht alles aus...

XXI. Angst

Es gibt zwei Arten von Gefühlen, die wir gemeinhin als Angst bezeichnen. Eines davon ist schützende Vorsicht. Nennen wir es Furcht und unterscheiden es von dem anderen Gefühl, das durch unverarbeiteten Ärger entsteht. Sagen wir somit: Furcht ist etwas Positives, weil sie mich davor schützt, mich in Gefahr zu begeben. Tiere haben somit keine Angst, sondern nur Furcht. Denn Tiere unterdrücken keinen Ärger, sie leben ihn aus und weg ist er. Somit haben Tiere allerdings auch nicht die menschliche Fähigkeit, Ärger zu achten, um ihn durch bewusste Entscheidungen auf etwas Positives zu lenken. Verhalten sich Menschen wie Tiere, werden sie ja leider abscheulich und schlimmer als jedes Tier. Da das Wort Furcht nicht mehr sehr gebräuchlich ist, wird es häufig durch „Angst" ersetzt. Das ist auch kein Wunder, denn in der Regel unterscheiden wir die beiden nicht sorgfältig genug. Aber an der Redewendung „Ich befürchte, dass etwas falsch gelaufen ist" bemerken wir den Unterschied zu „Ich habe Angst, dass etwas falsch gelaufen ist". Beim Befürchten wollen wir Vorsichtsmaßnahmen ergreifen. Beim Ängstigen stecken wir bereits in einer inneren Not. Um diese soll es im folgenden gehen, um Angst, nicht um Furcht!

Die Unterscheidung von Furcht und Angst ist so wichtig, dass wir diesem Thema hier große Aufmerksamkeit widmen sollten. Denn aus Furcht schütze ich mich wirklich, während ich aus Angst dumme Dinge tue. Wie schaffen wir also die Unterscheidung zwischen Furcht einerseits, Angst andererseits? Bei der Furcht haben wir einen klaren Verstand – den so genannten gesunden Menschenverstand, der uns so vieles lehrt, selbst wenn wir keine besonders studierten Personen sind. Hingegen Angst macht sich geltend als dumpfes Gefühl aus dem Unterleib und erzeugt im Gehirn einen Zustand der mehr oder weniger starken Gedankenlähmung. Furcht macht sogar scharfsinnig, ruhig konzentriert beobachtend. Angst macht eher panisch. Bedenken wir diesen gewaltigen Unterschied – und sei er nur ansatzweise da – so müssen wir zu der Überzeugung gelangen, dass wir gut daran tun, ihn genau zu beobachten. Furcht schützt, Angst lähmt. Die Unterscheidung zwischen beiden hilft uns sehr, uns gut zu entscheiden.

Bei dieser Gelegenheit ein Blick auf die Ehrfurcht. Sie lehrt uns etwas zu begreifen, weil wir uns innerlich bereit machen für eine besondere Wahrnehmung. Angst hingegen ist im hier gemeinten Sinne immer ein Zeichen dafür, dass ich ein Problem habe. Dieser Angst sollte ich meine Beachtung schenken, damit ich erfahre, was sich hinter ihr verbirgt.

Die Menschen tun sich wohl unterschiedlich schwer, ihre Ängste zu akzeptieren. Dementsprechend sinnvoll oder unsinnig sind ihre Entscheidungen. Es ist ein erstrebenswertes Gut, seine Angst leicht achten zu können.

Anders als beim Ärger, der immer etwas Aufdringliches an sich hat, ist Angst zurückhaltend und versteckt sich, so dass wir sie unter Umständen nicht einmal bemerken. Doch stellen Sie sich auf den Standpunkt, dass Sie die Fähigkeit entwickeln können, heute von Ihnen noch unbemerkte Ängste mit Hilfe der Selbstachtung in Zukunft entdecken zu können, so dass sie zu Tage treten.

Der Umgang mit Angst erfordert Feingefühl im Umgang mit sich selbst. Dem entgegen stehen Bequemlichkeit und voreilige Urteile. Sie verhindern, dass wir so behutsam in uns hineinhören, dass wir die Angst zu Gesicht bekommen. Kennen Sie beispielsweise das Phänomen, dass Sie vor einem bestimmten Umstand Angst haben? Dann geschieht es, dass sich die ganze Angelegenheit zu Ihrer Zufriedenheit löst. Sie freuen sich, stellen dann allerdings im zweiten Atemzug fest, dass Sie nun vor etwas anderem Angst haben, worüber Sie vorher nicht einmal nachdenken mussten. Schließlich schaffen Sie es, auch dieses Thema in Ihrem Sinne zu bearbeiten und der Angst den Wind aus den Segeln zu nehmen. Sie sind erleichtert, doch siehe da, auf einmal haben Sie vor etwas anderem Angst. Was liegt hier vor? Versteckte Angst. Wovor Sie eigentlich Angst haben, erfahren Sie hier gar nicht. Vielmehr leben Sie in einem Angstgefühl, das sich immer neue Anlässe sucht, an dem es sich festmacht. Das ist die wirkliche Angst, die da aus dem Hintergrund wirkt und immer wieder andere Dinge beängstigend erscheinen lässt. Was da auf die vordergründige Verfassung von mir hintergründig einwirkt, entzieht sich meinem Bewusstsein. Um mich dem anzunähern, was mich in Wahrheit quält, brauche ich Feingefühl. Doch zugleich muss ich auch streng zu mir sein und mir verbieten, immer wieder neue Gespenster aufzubauen. In diesem Wechselspiel der Anforderungen im Umgang mit mir selbst gibt es eine Eigenschaft, eine Tugend von unschätzbarem Wert: die DANKBARKEIT.

Vielleicht rollen Sie beim Gedanken an Dankbarkeit vor Wut schon mit den Augen? Das wäre kein Wunder. Uns ist über Jahrhunderte hinweg von den christlichen Kirchen beigebracht worden, Gott zu danken. Dagegen ist gewiss nichts einzuwenden. Doch wenn wir nicht ebenso üben uns selbst zu danken, für all unser Bemühen, all unseren Einsatz, all unsere Bereitschaft, Dinge zu verbessern, dann geraten wir unweigerlich in eine Haltung, alles von uns selbst für selbstverständlich zu halten. Das ist es aber nicht.

Aus dem Gesichtspunkt der Selbstachtung muss gesagt werden, dass sich eine fortschrittliche Theologie dadurch auszeichnet, dass sie auch genügend anleitet zum Dank gegenüber sich selbst. Denn richten wir unseren Dank nur nach außen, bekommen wir Angst – unüberwindliche Angst. Mit dieser Methode kann man Menschen zur Abhängigkeit, statt zur Freiheit erziehen...

Überhaupt ist Dankbarkeit gegenüber sich selbst die Voraussetzung für so vieles, nicht nur zum Abbau von Angst. Wer sich übt, täglich danke zu sich zu sagen für sein Tagwerk, baut dadurch einen Leuchtturm auf, der weit übers Meer strahlt und den Schiffen des täglichen Bemühens feste Orientierung gibt, wohin sie fahren sollen. Und er stärkt damit seine Gesundheit auf unscheinbare und doch gnadenvolle Weise. Sie sollten es probieren, es lohnt sich und erfordert keinen großen Aufwand. Danken Sie sich, wann immer Sie können. Andere werden auf Sie zugehen, weil Sie Dankbarkeit ausstrahlen. Das macht anziehend. Statt sich in seinen Ängsten zu suhlen, gehen wir doch lieber dankbar mit uns um und lernen dabei, dass das Ende unserer Fähigkeiten kein festes ist; und dass unser Bemühen keine Selbstverständlichkeit ist; ja dass unsere Gesundheit von innen heraus erneuert werden kann.[6] Lernen wir, dass der liebe Gott, an den wir glauben oder nicht, in uns waltet als Dankbarkeit gegenüber sich selbst, und dass diese

---

[6] Natürlich ersetzt das keine akut erforderliche medizinische Hilfe, da Dankbarkeit zu sich selbst allmählich wächst und wirkt!

Dankbarkeit die Kraft gibt Dinge zu tun, die wir uns vorher nicht getraut hätten zu tun: positive Dinge, keine Verbrechen. Lernen wir, dass Dankbarkeit gegenüber uns selbst eine größere Heilsbotschaft ist als unsere ganze Technisierung, deren Preis wir bezahlen mit der Angst, nicht gut genug zu sein, die wir aber durch Dankbarkeit gegenüber uns selbst überwinden und so die Technik (und das Geld) in den Dienst der Menschen, statt uns Menschen in deren Dienst stellen.

Und trotzdem: Wir alle haben unsere schlechten Erfahrungen, unsere unverarbeiteten Ärgernisse und sind nur begrenzt fähig uns Dankbarkeit zu schenken. An der Grenze der Dankbarkeit zu uns selbst beginnt die Angst und lähmt unsere Schaffenskraft, unsere Lebensfreude, unseren Mut, unseren – Erfindungsgeist, den schöpferischen Menschen. An dieser Grenze brauchen wir Hilfe, Schutz, Trost, Entspannung. Es gibt verschiedene Wege sie sich zu verschaffen, und je nach Veranlagung, Erziehung und Umfeld werden wir hier sehr unterschiedliche Bedürfnisse entwickeln, wie wir unsere Ängste abbauen können. Deshalb ist große Vorsicht geboten bei Verallgemeinerungen, wie jemand seine Angst abbauen kann. Allzu leicht passiert es, wenn wir jemandem (und sei es uns selbst) die Angst austreiben wollen, dass wir das Gegenteil damit erreichen und trotz besten Wissens und Gewissens nicht in der Lage dazu sind, bestimmter Ängste Herr zu werden.

Angst zu achten ist das sicherste Mittel, um den rechten Weg im Umgang mit ihr zu finden. Angst zu verachten – wie so weit verbreitet – bewirkt immer das Gegenteil, macht sie nur noch größer. So wie der nette Witz es erzählt, der von einem Arzt und seinem Patienten handelt. Nach langer Behandlung sagt der Patient zum Arzt: „Also, Herr Doktor, ich sehe ein, dass ich keine Maus bin. Nur eine Frage hätte ich noch: Weiß das die Katze auch?"

Angst kann man nicht ausreden, sondern man muss sie achten, um ihre Ursachen entdecken zu können. Da wo wir es nicht mehr schaffen, dankbar zu uns selbst zu sein, da beginnt die Angst, ja da beginnen die Aggressionen. Wer diesen Zusammenhang durchschaut, hört auf, Angst ausreden zu wollen und handelt, indem er die Angst achtet. Doch was ist Achten seiner Angst – vor allem dann, wenn ich nicht einmal weiß wovor ich sie habe?

Hier gibt es ein wirksames Mittel, das allgemein nützlich ist, doch besonders für das Achten seiner Angst: Gedanken anhalten, Gedanken zur Ruhe bringen und ins Leere laufen lassen. Das vermindert die Angst und löst unnötige Anspannung. Vergleiche auch Kapitel „Kraftmangel".

Was uns an dieser Stelle furchtbar im Wege steht und uns entsetzlich behindert ist Selbstbedauern. Dadurch wird alles nur schlimmer. Das ist keine Selbstachtung, sondern versteckte Selbstverachtung. Denn statt uns auf die Fähigkeiten zu konzentrieren, die wir haben, um sie gut zu nutzen, beklagen wir die Grenzen unserer Fähigkeiten. Das ist uneffektiv, kostet uns viel Zeit und Kraft. Zudem belästigen wir mit Selbstbedauern in der Regel noch andere Menschen, denen wir etwas vorjammern. Selbstbedauern ist ein Fluch, den wir uns selbst auferlegen und gegen den es nur ein Mittel gibt: bleiben lassen!

Wenn Sie merken, dass Sie da nicht herauskommen, dann summen Sie, am besten auf den Laut NG[7] (nicht N und G, sondern so wie in „Klang"). Damit lässt sich Selbstbedauern ersetzen durch Freundlichkeit zu sich selbst. Wenn Sie diese wieder erlangt haben, halten Sie Ihre Gedanken an,

---

[7] Die schwedische Sängerin Valborg Werbeck-Svärdström arbeitete in ihrem Buch „Die Schule der Stimmenthüllung" die fundamentale Bedeutung des Lautes NG in Bezug auf das Singen und die Stimmausbildung heraus. In Bezug auf die Persönlichkeitsschulung und das innere Singen kommt diesem Laut eine vergleichbare Bedeutung zu.

vielleicht eine Minute lang. Auch wenn Sie es nicht schaffen, machen Sie es so gut Sie können. Mit der Zeit geht es leichter. Nehmen Sie sich vor:

26. Übung: ICH WILL MEINE GEDANKEN BEHERRSCHEN STATT VON IHNEN BEHERRSCHT ZU WERDEN.

Sagen Sie sich diesen Satz immer, wenn Sie Angst spüren und versuchen Sie dann Ihre Gedanken – am besten mit geschlossenen Augen – anzuhalten. Mit Gedankenruhe spüren Sie Ihre Gefühle am besten. Was dann aufsteigt, sollten Sie versuchen zu formulieren, am besten schriftlich. Sie werden dann wohl des öfteren staunen, was da so alles emporsteigt.

Diese Vorgehensweise ist ungefährlich, weil sie nichts in Gang setzt, was die eigenen Fähigkeiten überstiege. Sie können davon ausgehen, dass Ihr Gefühl nur soviel Angst preisgibt, wie Sie im Kopf an Feingefühl dafür aufbringen. Hingegen mit Drogen, Hypnose, Suggestion, Manipulation, undurchschaubaren Meditationen oder Gewalt gegen das eigene Gefühl kann es passieren, dass so viele Ängste freigesetzt werden, dass Ihnen die Gedanken außer Kontrolle geraten – das kann gefährlich werden. Wer zu schnell zu viel erreichen will, hat unter Umständen danach mehr Probleme als zuvor. Daher die

27. Übung: ICH TUE UND UNTERLASSE NICHTS AUS ANGST, SONDERN BIN FREUNDLICH ZU MIR SELBST.

Aus den bisherigen Schilderungen geht hervor, dass es notwendig ist, im Umgang mit Angst gewisse Regeln zu befolgen, um ihrer Herr zu werden. Wenn Sie diese Regeln einhalten, können Sie davon ausgehen, dass Sie Ihre Ängste schrittweise verarbeiten werden. Dabei passiert es durchaus, wie bereits beschrieben, dass der einen Angst die nächste folgt und die weiteren Ängste sogar stärker werden. Was passiert nämlich: Es kommt die Angst vor der Angst zu Tage, was besonders unangenehm ist. Falls sich das bei Ihnen einstellen sollte, machen Sie sich klar, dass das ein Zeichen von Fortschritt, keinesfalls von Rückschritt ist. Durch Ihre Arbeit im Umgang mit Ihren Ängsten haben Sie sich bereit gemacht, den tieferen Ängsten näher ins Auge zu sehen. Steigen diese nun auf, begreifen Sie es als Folge Ihrer Übung, nicht als Misserfolg. Denn nun können Sie den schwereren Ängsten überhaupt erst auf den Grund gehen, die bisher noch verdeckt waren (und dennoch wirken, ohne dass Sie Einfluss darauf hatten). Will ich einen Mülleimer ausleeren, muss ich wohl den Deckel aufmachen – und hole ich den Müll erst heraus, dann stinkt es. Ein Misserfolg? Nein, nur unangenehm. Die seelische Selbstfürsorge funktioniert nicht so, dass wir unseren ganzen Abfall luftdicht verpackt ins Müllauto laden lassen können und weg ist er. Denn das Müllauto ist unsere Selbstachtung. Mit ihr transportieren wir den Müll auf die Halde. Dort wird er verarbeitet. Doch die Müllhalde sind unsere Gedanken und die Müllverarbeitung leisten unsere Tugenden. So baut Geduld mit sich selbst Ärger ab, Dankbarkeit zu sich selbst Angst. Haben wir keine Kraft mehr zur Dankbarkeit, brauchen wir mehr Geduld. Fehlt uns Geduld, sollten wir besser Maß halten. Gelingt uns das nicht, benötigen wir mehr Vertrauen zu uns selbst. Mangelt es an diesem, so hilft uns Interesse an uns weiter. Bringen wir das nicht auf, so bleibt uns nur eines übrig: mehr Wohlwollen gegenüber der eigenen Persönlichkeit zu entwickeln. Sind wir dazu nicht bereit, müssen wir eben leiden. Und je mehr wir uns bedauern, desto mehr werden wir leiden.

Hier können wir die Stufen der Tugenden erkennen, wie sie aufeinander aufbauen. Angst zu achten setzt also eine ganze Menge an Fähigkeiten voraus. Falls Sie daher mit der folgenden Übung noch nichts anfangen können, probieren Sie es wieder mit der vorigen.

Der Verfasser möchte nochmals betonen: Dies ist ein Übungsbuch. Wenn wir etwas lernen wollen, müssen wir wiederholen. Alle Lebensrhythmen wiederholen sich, dieses Prinzip ist keine menschliche Erfindung, sondern Naturgewalt. Bringen wir genügend Respekt davor auf, dann sehen wir die Notwendigkeit ein, immer wieder dort anzusetzen, wo wir es jeweils brauchen.

Machen wir uns noch einmal klar: Erstens ist Angst keine Schande; und zweitens ist unterdrückte Angst dazu geeignet, unserem Leben das Beste zu entziehen: Unbefangenheit und Begeisterung.

28. Übung:

    28.1.   Wovor habe ich Angst?

    28.2.   Warum habe ich davor Angst?

    28.3.   Wie kann ich meine Angst abbauen?

    * * * * * * * * * *

    28.4.   Was kann ich tun?

    28.5.   Warum kann ich es tun?

    28.6.   Wie kann ich es tun?

Sie können diesen Teil der 28. Übung an den ersten Teil der 25. Übung anhängen, dann sehen Sie die logische Verbindung zwischen beiden. Bei Bedarf können Sie es umgekehrt machen und nach 28.1.-6. 25.1.-6. folgen lassen. Wie es für Sie gerade am besten passt.

Wenn Sie beim ersten Teil der 28. Übung allerdings zu keinen Ergebnissen kommen, versuchen Sie unter Verwendung der in diesem Kapitel bereits beschriebenen Übungen zu meditieren:

28.7. Wie achte ich meine Angst?
28.8. Warum finde ich das Achten meiner Angst gut?
28.9. Wie achte ich meine Selbstachtung?
28.10. Warum finde ich meine Selbstachtung gut?

Wie gesagt: Das Achten von Angst setzt eine ganze Menge voraus. Je nachdem, wie gut es Ihnen gelingt, dankbar zu sich selbst zu sein, können Sie Angst abbauen.

XXII. Unsicherheit

Die Schwester der Angst ist die Unsicherheit. Ihre Brüder heißen Ärger und falsche Ansprüche. Letzteren lernen wir im nächsten Kapitel kennen. Sie alle stammen aus dem Hause Leid. Aus dem Hause Freude stammen die Gefährten Wohlwollen, Interesse, Vertrauen, Maßhalten, Geduld, Dankbarkeit und – HINGABE. Im Hause Freude herrscht Achtung. Im Hause Leid herrscht Verachtung. Beide Häuser haben viele Gästezimmer und können von jedem Besucher bewohnt werden. Ins Haus Leid kann man ohne anzuklopfen und um Aufnahme zu bitten einfach hineingehen. Im Hause Freude herrschen strenge Sitten. Nur wer höflich darum bittet, dem wird Einlass gewährt. Wer seine Schuhe nicht abputzt, fliegt wieder raus. Jeder Besucher muss im Haushalt helfen im Rahmen seiner Möglichkeiten. Im Hause Leid kann der Besucher dagegen den ganzen Tag faul herumliegen, darf andere beschimpfen, belügen und quälen, wie es ihm gerade passt. Vor allem darf er glauben über alles Bescheid zu wissen, braucht auf keinen Fall seine Meinung zu hinterfragen und sollte ohnehin davon ausgehen, dass es nichts Besseres gibt als ihn. Während im Hause Freude Fleiß, Hilfsbereitschaft, Ehrlichkeit und Rücksichtnahme herrschen und der Besucher sich lernbereit und mitfühlend zeigen sollte, wird im Hause Leid über derlei Gebaren allenfalls gespottet. Allerdings hat das Haus Leid einen Nachteil, der auf Dauer manche Besucher dazu bewog das Haus wieder verlassen zu wollen: Je länger er sich dort aufhält, desto enger wird es. Denn das Haus Leid hat seinen Zugang von oben und neue Besucher sorgen dafür, dass die Anwesenden immer weiter nach unten müssen, wo es leider keinen Ausgang gibt. Wer also lange im Hause Leid war, muss enorme Anstrengungen leisten, um wieder – gegen den Druck der anderen – nach oben zu kommen. Dieses Problem stellt sich im Haus Freude nicht, da der Zugang unten ist und neue Besucher grundsätzlich Wohnräume beziehen, die weit vom Ausgang entfernt, nämlich ganz oben liegen. Je länger Sie im Haus Freude wohnen, desto näher dürfen sie zum Ausgang ziehen – und da ja kein Leben von Ewigkeit ist, werden immer wieder Wohnungen im Ausgangsbereich frei. Das Leben im Haus Freude wird daher mit zunehmendem Alter immer angenehmer, während es anfangs doch recht mühsam ist. Doch die Zufriedenheit der Älteren ist den Jüngeren Vorbild, so dass sie es einsehen, mehr Mühen auf sich zu nehmen, als die Zugänge im Haus Leid haben. Dessen Alte quälen sich mit aller Kraft nach oben, werden verlacht und verhöhnt von den Jüngeren und fragen sich natürlich warum?

Falls diese Beschreibung Sie an Himmel und Hölle erinnert, sollte Sie das nicht davon abhalten, die Sache doch auch psychologisch anzuschauen. Denn hier geht es keinesfalls um irgendwelche religiösen Bilder – wie wahr oder falsch diese auch immer sein mögen, tut hier nichts zur Sache – sondern es geht ausschließlich um die Darstellung der Wirkung von Tugenden und Untugenden.

Im Haus Freude wohnt also auch die Hingabe. Diese Fähigkeit, die uns Erwachsene bei den Kindern so entzückt, ist eine wunderbare. Sind Kinder unsicher? Sehr wohl. Abhängig von den Erwachsenen, unselbstständig und noch nicht fähig, sich im Leben alleine zu behaupten, brauchen sie ein enormes Vertrauen in ihre Umgebung, deren Einflüssen sie mehr oder weniger schutzlos ausgeliefert sind und von denen sie in so starkem Maße geprägt werden, dass etliche lebenslängliche Folgen haben. Soll da keiner sagen, Kinder seien nicht unsicher. Und doch erleben wir Kinder oft genug als – wenn auch umtriebige – seelische Ruhepunkte, die großes Licht in das Leben der Erwachsenen bringen und diesen Trost und Zuversicht spenden. Womit? Mit ihrer schier grenzenlosen Hingabe. Schiller sagt in „Die drei Worte des Glaubens": „Und was kein Verstand des Verständigen sieht, das übet in Einfalt ein kindlich Gemüt." Mit welcher Selbstverständlichkeit passen sich Kinder an ihre Umgebung an – solange sie noch klein sind. Dann verlernen sie es erst einmal. Doch welche großen Unterschiede gibt es auch bei den Erwachsenen, vom verkalkten Sturkopf bis zum lebensfrischen Weisen. Alles Zufall? Natürlich nicht. Hingabe hält jung, Verbohrtheit macht alt.

Um meine Hingabe als Erwachsener muss ich mich bemühen. Dieser Umstand bereitet den Menschen viel Kopfzerbrechen, denn sie sehnen sich nach Unbeschwertheit. Dass bewusste Hingabe nur dem eigenen Bemühen entspringen kann, könnte fast neidisch machen, wenn man sieht, wie einfach es da Kinder haben. Aber bitte kein Neid: Wir alle waren Kinder, wenn auch mit unterschiedlich schönen Erfahrungen. Waren unschöne dabei, viele sogar, sehr viele, sehr, sehr viele? Kein Selbstbedauern![8]

---

[8] Die große Lehre vom Verzeihen, welche im Christentum und im Buddhismus ihre Wurzeln hat, ist die Lehre des Mitgefühls. Selbstachtung hat zum Ziel, Selbstbedauern zu ersetzen durch Mitgefühl mit sich selbst. Diese Vorgehensweise führt dazu, dass wir lernen, das Mitgefühl nach außen hin zu tragen, also auch den andern zu verstehen und ihn in seiner Art oder Verirrung noch zu achten. Dabei vermeiden wir ein bloßes Verzeihen mit dem Kopf unter Missachtung unserer Gefühle. Statt dessen entwickeln wir echtes Verzeihen. Es kommt von Herzen! Und es geschieht so, dass wir uns nicht zu sehr dabei verausgaben, sondern unsere eigenen Grenzen respektieren.

Dazu gehört auch, dass wir uns selbst verzeihen. Es ist möglich durch die beschriebenen Übungen.

Hingabe neu lernen. Das löst die Unsicherheit allmählich. Es kann lange dauern, aber seien Sie gewiss: Es gelingt, Schritt für Schritt und sicher. Wenn wir uns genügend Dankbarkeit schenken, in den kleinen und großen Dingen des Alltags, stellt sich Hingabe ganz von alleine ein und wie von Zauberhand genommen verschwindet dabei die Unsicherheit.

29. Übung:

    29.1.   Was macht mich unsicher?

    29.2.   Warum macht es mich unsicher?

    29.3.   Wie kann ich meine Unsicherheit beseitigen?

    * * * * * * * * * *

    29.4.   Was tue ich?

    29.5.   Warum tue ich es?

    29.6.   Wie tue ich es?

Hier knüpfen wir an die 28. Übung an, wie diese an die 25. Übung. Kommen Sie damit nicht weiter, steigen Sie ein in folgenden Fragen:

    29.7.   Wie achte ich meine Unsicherheit?

    29.8.   Warum finde ich das Achten meiner Unsicherheit gut?

    29.9.   Wie achte ich meine Selbstachtung?

    29.10.   Warum finde ich meine Selbstachtung gut?

XXIII. Falsche Ansprüche

Wenn wir die genannten Tugenden erlernen, verschwinden dabei alle Ansprüche, die uns nicht gut tun. Doch wir können jederzeit neue aufbauen. Deshalb ist Selbstachtung eine lebenslange Aufgabe.

Das Loslösen von falschen Ansprüchen ist zunächst immer unangenehm, in der Folge aber angenehm. Das Beste ist natürlich, gar nicht erst falsche Ansprüche aufzubauen. Das erfordert, dass Eltern, Erzieher und Lehrer den Kindern ein gutes Vorbild sind im Umgang mit sich selbst.

Die entscheidende Tugend gegen falsche Ansprüche ist EHRLICHKEIT. Auf den ersten Blick mag das unverständlich erscheinen. Denn was ist schon Ehrlichkeit, könnte man meinen. Dass man die Dinge halt so sagt und so nimmt, wie sie sind? Ja ist denn das etwas Besonderes? Da unsere verstandesbetonte Erziehung und Bildung uns tendenziell zu Wesen macht, die sich für sehr gescheit halten, vergessen wir leicht, dass es überhaupt nicht selbstverständlich ist, die Dinge zu sagen und zu nehmen, wie sie sind. Vielmehr ist es ein gewaltiger Lernprozess.

Kleine Kinder verfügen noch über so viel Hingabe, dass sie durch und durch ehrlich sind. Doch wer als Erwachsener auch nur ein wenig darüber nachdenkt, der sieht ein, dass Ehrlichkeit zu sich selbst eine Angelegenheit ist, für die er eine Menge tun muss. Und da der Umgang mit sich selbst die Grundlage für den Umgang mit anderen ist, ist es auch einsehbar, dass es sich hier um etwas außerordentlich Kostbares handelt, das ungeheuren Einfluss auf unser Leben hat.

Doch nur, wenn wir solche Überlegungen tatsächlich anstellen, haben wir Zugang zu der Tatsache, dass Ehrlichkeit zu sich selbst Hingabe erfordert, die wir erst einmal aufbringen müssen und die wiederum ihre Voraussetzung in der Dankbarkeit zu sich selbst hat – und so weiter! Wenn ich schon zur Dankbarkeit ein gestörtes Verhältnis habe, KANN ich nicht ehrlich zu mir sein, sondern ich mache mir selber etwas vor. Wehe man spricht so etwas an bei jemandem, der sich selbst nicht danken kann. Der könnte leicht bitterböse werden... Ärgern Sie diese Worte? Dann bitte im Buch zurück zum Kapitel „Angst" oder zum Kapitel „Ärger".

Ehrlich zu mir sein zu wollen heißt noch lange nicht, dass ich die Kraft aufbringe es zu sein. Da bleibt mir nur übrig, mir mein Bemühen um Ehrlichkeit zu danken und weiterzumachen.

Sehen Sie es bitte mit einer gewissen Gelassenheit, dass an dieser Stelle der Ausführungen so streng ins Gericht gegangen wird mit der Ehrlichkeit. Es ist unerlässlich zum Schutz unserer Entwicklung, dass wir uns dieser Strenge beugen. Ist es nicht fürchterlich zu erleben, wenn sich jemand selbst etwas vormacht und es nicht merkt, während rings umher andere sich nur abwenden. Diese Situation finden wir auf allen Stufen der Entwicklung. Also Vorsicht, wir BRAUCHEN die Dankbarkeit zu uns selbst, sonst schaffen wir es niemals, aus den Verwirrtheiten unserer Gedanken herauszukommen, halten uns für klar und selbstständig, während wir in Wahrheit Illusionen nachrennen...

Im Buddhismus wird gesprochen von Enthaftung. Vorstellungen loslassen, um sie überhaupt genau anschauen zu können. Und schon sind wir wieder beim Selbstvertrauen. Wie soll ich eine Vorstellung loslassen, an die ich mich klammere, um mein Selbstwertgefühl aufrecht zu erhalten? Ich würde sie um nichts in der Welt loslassen, wenn ich nicht etwas anderes dafür bekäme. O ja, wir lassen unsere Ansprüche nicht einfach fahren. Sie bedeuten uns die Welt, selbst wenn sie der größte Unsinn sind.

Es mag vielleicht unglaublich klingen, wenn hier behauptet wird, Ehrlichkeit sei das Heilmittel gegen falsche Ansprüche. Doch es geht um Ehrlichkeit im Umgang mit sich selbst. Sie baut auf Geduld, Dankbarkeit und Hingabe auf, wie es ab dem Kapitel „Mangelnde Fähigkeiten" beschrieben ist. Sie bauen auf den Tugenden der 16. Übung auf. Alle diese Eigenschaften müssen wir in ausreichendem Maße uns selbst entgegenbringen, damit wir die Kraft haben zu der

30. Übung: DURCH GEDULD, DANKBARKEIT UND HINGABE GEGENÜBER SICH SELBST ENTWICKELT SICH EHRLICHKEIT ZUR KRAFT, DEN KOPF AM HERZEN IMMER AUSZURICHTEN. DADURCH WERDEN DIE ANSPRÜCHE DEN BEDÜRFNISSEN ANGEPASST.

Diese Ehrlichkeit ist mehr als seine Meinung zu sagen. Es ist die Fähigkeit, zum eigenen Denken so viel Abstand zu gewinnen, dass ich es wirklich hinterfragen kann.

Es ist auch die Fähigkeit, an seinem Herzen in allen Situationen des Lebens mit den Gedanken dran zu bleiben. Es nützt mir nämlich nichts, wenn ich in angenehmen Situationen nach dem Herzen gehe und in unangenehmen nach dem Kopf. Niemand sollte glauben, dass Selbstachtung so funktioniert! Es ist erforderlich, Stetigkeit im Herzdenken zu entfalten, sonst bleibt alles ein windiges Unterfangen. Gerade wer auch für andere eine verlässliche Größe sein will, der braucht die strengstmöglichen Maßstäbe an seine Ehrlichkeit zu sich selbst! Nur so bringt er die Kraft auf, unbeirrbar im Prüfen zu sein und Unbestechlichkeit zu entwickeln.

Hier zeigt sich in aller Deutlichkeit die soziale Wirksamkeit der Selbstachtung. Denn was gibt es Wichtigeres zwischen den Menschen, als dass sie sich aufeinander verlassen können?

XXIV. Warum kommt optimale Leistung nicht über Leistungsdenken, sondern über optimale Selbstachtung?

Alles im physischen Leben hat Grenzen. Manchmal sind sie so weit, dass wie Sie nicht kennen lernen. Manchmal sind sie so eng, dass wir schon frühzeitig die Erfahrung machen müssen, wo sie liegen. Unsere Zeit, unsere Kraft, unser Wissen, unser Können, sie alle unterliegen Grenzen, die wir teilweise und in gewissem Maße erweitern können, wenn wir es geschickt anstellen. Es geht also einerseits darum, das Vorhandene so gut wie möglich auszuschöpfen; andererseits geht es darum, an die Grenzen so heranzugehen, dass wir sie gefahrlos erweitern können so gut es eben geht.

Gehen wir von diesen Voraussetzungen aus, dann gewinnen wir die wesentliche Einsicht: Dass es unerlässlich ist, Grenzen zu achten, um geschickt mit ihnen umzugehen. Diese Geschicklichkeit kommt nicht über Leistungsdenken, sondern über Selbstachtung.

Ihre Grenzen zu achten fällt den Menschen zuweilen sehr schwer. Es ist auch Sache der Erfahrung, der Übung. Halte ich mich für schlecht, wenn ich nicht gleich zu allem eine Meinung abgeben kann, werde ich wahrscheinlich vorlaut. Halte ich mich für feige, wenn ich mir nicht alles zutraue, werde ich wahrscheinlich übermütig oder tollkühn. Halte ich mich für dumm, wenn ich nicht alles alleine kann, werde ich wahrscheinlich zum Eigenbrötler. Halte ich mich für unattraktiv, wenn ich nicht jedem gefalle, werde ich wahrscheinlich verklemmt. Halte ich mich für toll, wenn ich mich überall durchsetze, werde ich wahrscheinlich brutal. So lässt sich die Reihe der

Beispiele beliebig fortsetzen, denn sie sind mannigfaltig. Bei all diesen Fällen sehen wir: Da kann einer seine Grenzen nicht achten. Der schlimmste Fall: Halte ich mich für untäuschbar, gehe ich wahrscheinlich daran zu Grunde, weil ich mir Dinge zumute, mit denen ich meine Gesundheit und mein Leben aufs Spiel setze. Denn wer glaubt, immer alles richtig beurteilen zu können, dem ist der Leichtsinn auf den Fersen und holt ihn irgendwann ein.

Was veranlasst uns dazu, unsere Grenzen nicht angemessen zu respektieren? Vielleicht wollen wir uns selbst etwas beweisen, weil wir uns minderwertig fühlen? Vielleicht wollen wir anderen etwas beweisen, weil wir uns für erlittenes Unrecht rächen wollen? Vielleicht haben wir Angst, nicht gut genug zu sein? Vielleicht wurden wir zu übertriebenen Erwartungen an uns selbst erzogen? Vielleicht wurden wir als Kind abgelehnt, wenn wir bestimmte Erwartungen nicht erfüllten? Vielleicht wurden wir von Erwachsenen damals überfordert und glauben heute, wir müssten uns wieder überfordern, weil wir es nicht anders kennen? Letztendlich müssen wir die eigenen Erwartungen hinterfragen; es nützt uns nichts, andere anzuklagen. In diesem Sinne die

31. Übung

31.1. Was will ich von mir?

31.2. Warum will ich es von mir?

31.3. Wie kann ich mir gerecht werden?

* * * * * * * * * *

31.4. Wie möchte ich mit meinen Grenzen umgehen?

31.5. Wie achte ich mein Bedürfnis nach Achtung meiner Grenzen?

31.6. Warum finde ich das Achten meines Bedürfnisses nach Achtung meiner Grenzen gut?

31.7. Wie achte ich meine Selbstachtung?

31.8. Warum finde ich meine Selbstachtung gut?

31.9. Wie gehe ich mit meinen Grenzen um?

31.10. Wie achte ich meine Grenzen?

31.11. Warum finde ich das Achten meiner Grenzen gut?

31.12. Wie achte ich meine Selbstachtung?

31.13. Warum finde ich meine Selbstachtung gut?

Erfahrungsgemäß sind mit diesem Thema bei vielen Menschen Schmerzen, Ängste, Verstörtheit und Selbstablehnung verbunden. Möglicherweise wurden sie verdrängt, doch wirken unterschwellig. Seien Sie deshalb vorsichtig. Und selbst wenn Sie sich erfolgreich und zufrieden fühlen, halten Sie diesen Zustand nicht für unerschütterlich. Es kann Ihnen morgen etwas passieren, was all Ihr Glück zerstört. Darauf sollen Sie sich natürlich nicht konzentrieren, doch Sie sollten sich schon vorstellen, wie Ihr Leben wäre ohne das, was Sie heute erfolgreich und zufrieden macht. Es gehört zu den sehr nützlichen Übungen sich vorzustellen, einsam und verlassen zu sein, ohne Anerkennung und Zuspruch von außen. Sich das einmal am Tag vorzustellen ist äußerst heilsam, sich nicht zu abhängig von außen zu machen und sich zu besinnen auf das, was einem inneren Halt gibt!!! Dieser innere Halt hat sehr viel zu tun mit dem Achten seiner Grenzen.

Wenn Sie im Gespräch mit jemanden über dieses Thema merken, dass er keinen Zugang dazu hat, bedrängen Sie ihn nicht, sondern üben Sie bei sich selbst. So helfen Sie sich und dem andern am meisten.

XXV. Maßvolle Erwartungen als Notwendigkeit für erfolgreiches Arbeiten

Wir kommen hiermit zu dem Thema, das schon in den beiden vorangehenden Kapiteln zur Sprache kommt. Wie gehe ich vor, um mir immer so viel abzuverlangen, dass ich weder unterfordert, noch überfordert bin? Viele Menschen beschäftigt wohl diese Frage. Eine wichtige Regel ist die

32. Übung: LIEBER WENIG VORNEHMEN, DIESES GEWISSENHAFT ERLEDIGEN, SICH DAFÜR DANKEN UND DANN PRÜFEN, WAS MAN TUN MÖCHTE UND WEITER ENTSCHEIDEN, ALS SICH SO VIEL VORZUNEHMEN, DASS MAN ES NICHT ERFÜLLEN KANN UND DANN FRUSTRIERT IST.

Im Übrigen gilt, was im 15. und 16. Kapitel über mangelnde Motivation und mangelnde Fähigkeiten steht.

Schauen Sie immer wieder nach, welche Übung Sie gerade besonders anspricht. Folgen Sie Ihrem Herzen. Damit kommen wir zu der letzten Übung:

33. Übung: Wie folge ich meinem Herzen?

Geben wir das letzte Wort Rudolf Steiner: „Man muss sich der Idee erlebend gegenüber stellen können; sonst gerät man unter ihre Knechtschaft." [9]

Wege der Hoffnung

Das Unerschütterliche
der Selbstachtung
liegt in der Möglichkeit,
sie unabhängig von
Raum und Zeit
und anderen Menschen
immer neu zu üben

und dabei nur das tun,
was ich aus mir heraus
und aus Achtung tue,
für andere wie für mich,
doch immer so,
dass ich dahinter stehen kann
mit Herz und Verstand.

---

[9] „Die Philosophie der Freiheit", Schlusssatz

XXVI. Weitere Veröffentlichungen zum Thema Selbstachtung

1. INSTITUT FÜR LEBENSBERATUNG

Über das Institut für Lebensberatung von Dr. med. Margarete Kresse, Uwe Friedemann und Jutta Fuchs wird auf der Grundlage der Selbstachtung individuelle Beratung zu verschiedenen Lebensbereichen angeboten.

1.1. ERSTINFORMATION

AUSGANGSLAGE
In unserer technisierten Welt gibt es für vieles Spezialisten. Das von uns geforderte Spezialwissen wird größer und größer. Dem gegenüber stehen die Herausforderungen für die Menschen im Umgang mit sich Selbst und mit Anderen. Warum werden Fähigkeiten und Wissen auf diesem Gebiet von Erziehung und Bildung in der Regel weniger ernst genommen? Sie sind für die Lebensgestaltung letztlich entscheidend!

ANGEBOT
Das Institut für Lebensberatung bietet konkrete und gezielte Hilfe bei der Bewältigung von Lebensfragen im Umgang mit

– sich Selbst
– dem Beruf
– zwischenmenschlichen Beziehungen.

KOMPETENZEN
Die Mitarbeiter des Instituts kommen aus unterschiedlichen Berufszweigen und bringen spezifische Erfahrungen und Erkenntnisse mit. Sie finden bei uns eine Psychotherapeutin, einen Musikpädagogen und eine Moderatorin aus der Wirtschaft.

VORGEHENSWEISE
Entscheidend ist, dass Sie Ihre Fragen schon vor der Beratung möglichst präzise formulieren, damit sie dort rasch aufgegriffen und gemeinsam bearbeitet werden können. Die erste Beratung (60 Minuten) wird zum halben Preis angeboten. So können Sie sich einen Eindruck verschaffen, welche Möglichkeiten auf Sie warten.

1.2. UMGANG MIT SICH SELBST

VERGANGENHEIT
Woher kommt was ich denke?
Woher kommt mein Verhalten?
Kenne ich meinen Hintergrund?
Was interessiert mich?

Oft sind ungute Gewohnheiten im Denken über sich Selbst der Grund für Probleme, Unzufriedenheit und Störungen des Wohlbefindens. Die Ursachen solcher Gewohnheiten liegen oftmals in der Erziehung, mit der jemand aufwuchs. Kinder und Jugendliche können noch nicht so reflektieren wie Erwachsene und übernehmen das, was sie vorgelebt bekommen. Daraus entstehen Verhaltensgewohnheiten, mit denen ich dann als Erwachsener konfrontiert bin, die ich vielleicht aber gar nicht will.

GEGENWART
In der Regel werden einem diese Schwierigkeiten erst bewusst an Ereignissen des aktuellen Lebens. Es entstehen also Anlässe, an welchen ich konfrontiert werde mit meinen Verhaltensgewohnheiten. Das ist in der Regel sehr unangenehm. Ich kann aber daraus lernen, meinen Umgang mit mir Selbst zu verbessern. Oft ist man dazu leider erst bereit, wenn einem das Wasser bis zum Hals steht. Eigentlich sollte die Lebensberatung zu einem früheren Zeitpunkt erfolgen, nämlich dann, wenn brennende Fragen aufkommen, für deren Lösung man keine rechte Antwort weiß.

ZUKUNFT
Das Institut für Lebensberatung will Menschen begleiten auf ihrem Lebensweg über die gemeinsame Bearbeitung ihrer Herzensfragen. Dabei wird über ein Gesprächsprotokoll aufgezeichnet, auf welchem Weg mit welchen Ausgangsfragen und -themen die Persönlichkeit zu ihren Zielfragen gelangt. Die Zielfragen sind die erforderlichen Werkzeuge, mit deren Hilfe es möglich ist, die betreffenden Probleme zu lösen. Da es ohne Erfahrung schwer vorstellbar sein kann, worum es genau geht und welch großen Gewinn jemand daraus ziehen kann, bietet das Institut für Lebensberatung zu einem reduzierten Preis die Möglichkeit des Kennenlernens an.

IHR VERTRAUENSPARTNER
In der Regel sind zur Bearbeitung eines Problems mehrere Sitzungen erforderlich. Doch auch nur eine Sitzung kann wichtige Ergebnisse bringen. Wie ein Arzt in medizinischen Fragen oder ein Klavierlehrer zum Erlernen des Instruments konsultiert wird, so begleitet einen der Lebensberater in den Fragen der Lebensführung. Ein Vertrauensverhältnis wird aufgebaut, in dem ein unabhängiger Gesprächs-

partner, der geschult ist in den Fragen der Lebensführung und Problemlösung, dem Ratsuchenden treu zur Seite steht – diskret und zuverlässig.

1.3. BERUFLICHE SELBSTFINDUNG

MÖGLICHKEITEN
Die Verbindung zwischen beruflicher Motivation, beruflichen Fähigkeiten, sinnvoller Betätigung und finanzieller Ergiebigkeit des Verdienstes ist nicht selten ein echtes Kunststück. Durch gezielte Fragestellungen und Hilfe bei der Beantwortung kann Sie unsere Berufsberatung gezielt und effektiv dabei unterstützen, alle vier Aspekte zufriedenstellend zu berücksichtigen. Unser Ziel ist es, dass Sie

- Freude an Ihrer beruflichen Tätigkeit haben
- Ihren Fähigkeiten gemäß berufstätig sind
- einer sinnvollen Arbeit nachgehen können
- durch Ihren Beruf angemessen Geld verdienen.

Ihre Mitarbeit vorausgesetzt, erreichen wir dieses Ziel – Schritt für Schritt und sicher.

FRÜHZEITIGE ORIENTIERUNG
Berufliche Orientierung sollte nicht später als mit 15 Jahren beginnen. Entgegen der gängigen Praxis, oft erst nach dem Schulabschluss intensiv zu prüfen, wohin es beruflich gehen soll, vertreten wir die Auffassung, dass berufliche Orientierung ein jahrelanger Selbstfindungsprozess ist, bei dem es auf nichts stärker ankommt, als auf die unbefangene Auseinandersetzung mit den eigenen Interessen und Fähigkeiten. Dies gilt umso mehr für Menschen, denen diese Auseinandersetzung schwer fällt. In einem Alter, in dem der Mensch noch sehr stark von seinen eigenen Wünschen ausgeht, in der Pubertät, sollte diese Auseinandersetzung liebevoll gefördert werden. Dies sorgt für eine sehr stabile Orientierung über die eigenen Bedürfnisse, auf deren Grundlage alle weiteren Schritte überhaupt erst Sinn machen! Berufliche Fehlleitung zu vermeiden ist gewiss besser als die Umorientierung nach der Fehlleitung...

KORREKTUR
Stellt sich heraus, dass ich mich beruflich umorientieren sollte, sei es aus fehlender Freude an meiner ausgeübten Berufstätigkeit oder wegen Problemen mit meiner Befähigung; sei es weil ich nicht mehr hinter dem stehen kann, was ich bisher tat, oder weil ich mit meiner Qualifikation kein oder nur unzureichend Geld verdienen kann, dann beginnt die Suche nach besseren Möglichkeiten. Leider muss hierbei

oft eine Menge an Ärger und Angst, Unsicherheit und falscher Ansprüche verarbeitet werden, bevor man überhaupt fähig ist, sich neu zu orientieren. Die gezielte Verarbeitung negativer Erfahrungen gehört daher zum festen Bestandteil einer effektiven Berufsberatung.

HERAUSFORDERUNG

So nicht:

Sondern so:

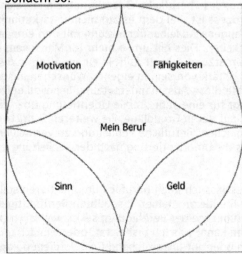

1.4. LIEBE UND BEZIEHUNGEN

SCHWIERIGKEITEN
Das wohl schwierigste Thema, sofern es dort Probleme gibt, sind Liebesbeziehungen oder Eltern-Kind-Beziehungen. Die Schwierigkeit liegt darin, dass die Gefühle, welche hier im Spiel sind, immer nur in kleinen Schritten durchschaut werden können. Abhängigkeitsgefühle und Liebessehnsüchte, vor allem auch Liebeskummer, lassen sich in dem Moment, wenn sie auftreten, rational nicht begründen. Ich fühle mich dann abhängig wegen meiner Zuneigung – und warum ich diese habe, entzieht sich letztendlich meinem Bewusstsein. Aus diesem Grund sind hier Spekulation und Resignation, auch blinde Ergebenheit und Hörigkeit leider oft die Folge. Und wie oft passiert es, dass eine neue Liebesbeziehung die Probleme fortsetzt?! Wenn dann angesichts der scheinbaren Auswegslosigkeit die Verzweiflung ausbricht, gerät ein Mensch natürlich in Gefahr, sich falsch zu entscheiden. Gutes Zureden allein reicht nicht aus, um eine solche Verzweiflung überwinden zu können. Denn mit jedem Tag, an dem sie anhält, fühlen wir uns schwächer.

WICHTIGSTE HILFE
Das Allerwichtigste in einer solchen Lebenssituation ist es, dass wir uns darum bemühen, liebevoll zu uns selbst zu sein und dass wir uns fest dazu entschließen, uns Selbstvertrauen zu schenken! Dieser Entschluss ist erforderlich, damit es besser weitergehen kann. Keinesfalls werden unsere Probleme dadurch einfach gelöst sein, aber wir gewinnen die Möglichkeit, besser auf die eigenen Bedürfnisse einzugehen – darin liegt die Voraussetzung, um zu einem späteren Zeitpunkt im Verhältnis zu einem geliebten Menschen etwas ändern zu können. Es ist so ungeheuer wichtig, dass man diese Logik versteht: Erst wenn ich besser auf meine eigenen Bedürfnisse eingehe, habe ich eine Chance, dass es auch Andere tun; und ich kann mich gegen schlechten Umgang mit meiner Person besser wehren.

ACHTUNG, FALLE!
Der schlimmste Feind einer Verbesserung ist Selbstbedauern, denn es hält uns davon ab, unser eigenes Denken zu hinterfragen. Erst wenn wir dies konsequent tun, können wir lernen unser eigenes Verhalten vorteilhaft zu ändern.

HILFE VON AUßEN
Da es oft schwierig ist, die eigenen Denkgewohnheiten genau zu beobachten (vor allem dann, wenn man schon lange in ihnen lebt) kann ein Außenstehender, besonders wenn er geschult ist, oft mit wenig Aufwand hilfreiche Hinweise geben. Auf keinem Gebiet gilt dies so sehr wie auf dem Gebiet der Liebesgefühle. Trotzdem ist es

unerlässlich, erst von sich aus die genannten Schritte zu beginnen:

– sich zu bemühen, liebevoll zu sich selbst zu sein
– den festen Entschluss zu fassen, sich selbst zu vertrauen
– aufzuhören sich zu bedauern.

Auf dieser Grundlage ist es sinnvoll in unsere Lebensberatung zu kommen.

1.5. MEDIATION IM PRIVATBEREICH

STREIT UND KEIN AUSWEG?
Zunächst sind es nur Spitzen. Dann wird daraus ein handfester Streit. Schließlich eskaliert der Konflikt und die Situation ist festgefahren – was nun?

Ob in der Scheidung, im Konflikt mit den Nachbarn, bei einer Erbschaft oder in anderen Bereichen: Wie sieht eine gerechte Lösung aus? Wer hilft, den Konflikt zu ordnen? Ist die einzige Lösung, vor Gericht zu ziehen?

MEDIATION HEIßT VERMITTLUNG
Die Mediation ist ein freiwilliges Verfahren, bei dem die Konfliktparteien eigenständig und gemeinsam eine tragfähige Vereinbarung treffen.

In neutraler Atmosphäre hilft die Mediatorin den Beteiligten, ihre Probleme und Interessen zu äußern und gehört zu werden. Sie ermöglicht, dass die Beteiligten mit einer veränderten Sichtweise selbst über neue Lösungen nachdenken können.

Ziel ist eine Vereinbarung, die von allen Seiten mit einem guten Gefühl akzeptiert werden kann.

ZUM VERGLEICH
Im üblichen juristischen Verfahren geben die Beteiligten den Fall an die Anwälte ab, von denen sie vor dem Richter vertreten werden.

In der Mediation hingegen sprechen die Beteiligten mit Hilfe des Mediators miteinander. Dadurch können die jeweiligen Interessen und Bedürfnisse besser berücksichtigt werden. Dies ist die Basis dafür, dass die Beteiligten eine Lösung aushandeln.

Falls juristischer Rat erforderlich ist, muss dieser separat eingeholt werden.

DER WEG ZUR LÖSUNG
In einem ersten gemeinsamen Gespräch erklären die Beteiligten ihren jeweiligen Standpunkt im Konflikt. Bei den darauf folgenden Treffen werden die einzelnen Themen beleuchtet, die jeweiligen Bedürfnisse und Interessen herausgearbeitet und nach Wichtigkeit geordnet. Gemeinsam suchen die Beteiligten dann nach Lösungen, die für jeden zufriedenstellend sind. Wenn alle Themen bearbeitet wurden, entsteht eine rechtskräftige, schriftliche Vereinbarung. Falls es erforderlich ist, wird sie dem Richter vorgelegt.

1.6. STIMMANALYSE NACH UWE FRIEDEMANN

WAS IST STIMMANALYSE?
Stimmanalyse ist ein neues Verfahren, welches seit 1994 erfolgreich angewandt wird. Es ermöglicht auf sehr sachliche Weise einen Zugang zur psychischen Grundkonstitution der Persönlichkeit – nicht über tiefenpsychologische Analyse, sondern durch die Auswertung der Stimmklänge. Dabei spielt es keine Rolle, ob jemand eine ausgebildete Stimme hat oder nicht, denn die psychische Grundkonstitution einer Persönlichkeit spiegelt sich in der Stimme allemal wider. Daher ermöglicht die Gegenüberstellung Zugang zu sonst vielleicht verborgenen Bereichen der Persönlichkeit. Das Diagnose-Verfahren liefert sichere Aufschlüsse über die Persönlichkeitsstruktur. Die Ergebnisse helfen Schwierigkeiten zu überwinden und selbstgewählte Aufgaben zu meistern.

WOZU STIMMANALYSE?
Normalerweise machen wir uns nicht klar, welche Anteile unserer Persönlichkeit veränderlich und welche Anteile unveränderlich sind. Vergleichbar der Musik, die ich auf einem Instrument spiele: Auch wenn sich die Musik ändern kann, bleibt das Instrument dasselbe. Dieses Phänomen gibt es auch in der menschlichen Stimme. Und da die Stimme nach strengen Gesetzmäßigkeiten – über Töne, Laute und Rhythmus – die menschliche Psyche – Denken, Fühlen und Wollen – widerspiegelt, kann die Stimmanalyse grundlegenden Aufschluss darüber geben. Der Nutzen liegt in der bewussten Beachtung der Ergebnisse, um die Persönlichkeit gut zu behandeln, dadurch leistungsfähiger zu werden, Probleme zu vermeiden oder gezielt zu lösen.

WIE FUNKTIONIERT STIMMANALYSE?
Über die Analyse des Ein- und Ausschwingverhaltens der verschiedenen stimmlichen Elemente lässt sich ein sicherer Aufschluss darüber gewinnen, in welchem Kräftegleichgewicht das menschliche Innenleben steht. Das Durchführen der Stimmanalyse erfordert ein außerordentlich analytisch-selektives Hören, da in der Stimme die

einzelnen Bestandteile stets gleichzeitig auftreten. Anhand einfacher Singübungen werden die erforderlichen Klangeindrücke gesammelt, sehr sorgfältig ausgewertet und dann gemeinsam besprochen. Nur autorisierte Personen können gewähren, Stimmanalyse nach Uwe Friedemann ® sicher zu beherrschen und anzuwenden.

WIE GEHT ES DANACH WEITER?
Die Arbeit mit den Ergebnissen der Stimmanalyse ist lebenslänglich von Bedeutung. Eine einmal durchgeführte Stimmanalyse kann als dauerhafter Anhaltspunkt dafür dienen, worauf jemand im Umgang mit sich Selbst besonders achten sollte, um mit seiner Konstitution gut umzugehen. Das heißt: Die Stimmanalyse ist von bleibender Bedeutung. Ihren Wert entfaltet sie jedoch ausschließlich in dem Maße, wie jemand die Ergebnisse der Stimmanalyse nutzt für den guten Umgang mit sich Selbst! Gezielte Unterstützung hierzu bieten wir an.

1.7. ***INSTITUT FÜR LEBENSBERATUNG***
Dieselstraße 7
69226 Nussloch
                                            Tel. 0 62 24/

Dr. Margarete Kresse   17 49 45-2
Psychotherapie
Homöopathie,
anthroposophische Medizin

Uwe Friedemann   17 49 45-6
Umgang mit sich Selbst
Liebe und Beziehungen
Stimmanalyse

Jutta Fuchs   17 49 45-3
Berufliche Selbstfindung
Mediation im Privatbereich 17 20 76

Telefonische Beratung ist möglich.

Das gesamte Angebot mit näheren Angaben finden Sie demnächst unter www.institut-fuer-lebensberatung.de
Wir bitten Sie, diese Möglichkeit zu nutzen.

2. WEGE DER HOFFNUNG ODER PARZIVAL IN DIESER ZEIT

MUSICAL

Die Thematik der Dankbarkeit gegenüber dem eigenen Bemühen und die katastrophalen Folgen, die sich ergeben können, wenn die Dankbarkeit gegenüber sich selbst ausbleibt, ist sprachlich-musikalisch verarbeitet, auch für junge Menschen, in dem Musical WEGE DER HOFFNUNG ODER PARZIVAL IN DIESER ZEIT von Kalisto[10]

2.1. *DAS WERK*

Die kompositorische Ausarbeitung des Musicals WEGE DER HOFFNUNG ODER PARZIVAL IN DIESER ZEIT begann im Jahre 1993. Mit Solisten, Frauenchor, Orchester und Sprecher gestaltet sich ein Werk, das einfühlsame Musik mit seelendramatischer Handlung verbindet. Der musikalische Stil vereint Elemente von Musical, Pop, Klassik und Jazz.

Die Texte stammen vom Komponisten. Eine Mischung aus deutscher und englischer Sprache verleiht den einzelnen Teilen verschiedene Lautfarben, die für die jeweilige musikalische Botschaft ausgewählt wurden. Zu Grunde liegt die Empfindung, dass die englische Sprache gefühlsmäßige Nähe und gedankliche Distanz zu erzeugen vermag, während die deutsche Sprache gedanklich mehr in die Tiefe gehen und gefühlsmäßig distanzierter bleiben kann. Die Tiefe der Gefühle im Deutschen entsteht vor allem durch die Wirkung der Gedanken und die Gestaltung der Begriffe, während im Englischen die Tiefe mehr durch eine lautlich-sinnliche Berührung und leichte Deutung gelingt. Daraus ergeben sich zwei unterschiedliche Ansätze der künstlerischen Darstellung, die im Wechsel miteinander anregend wirken und dem Thema des Werkes entgegenkommen: der Verbindung zwischen Gefühl und Verstand.

Zeitkritisch und direkt werden dem Zuhörer zentrale Themen des Lebens nahe gebracht. Die Abgründe dunkler Verzweiflung treten ebenso hervor, wie die Lichtblicke hoffnungsvoller Kraft, die in die Zukunft schaut und Perspektiven schafft. Wir halten die Gegenwart in unseren Händen, wenn wir eintauchen in die Herausforderungen

---

[10] Uwe Friedemann alias Kalisto

des eigenen Bemühens. Darin bewegt sich das Werk. Geeignet ab 14 Jahren.

2.2. **DAS THEMA**
Wer seine Fragen nicht dann stellt, wenn sie sein Herz bewegen, der landet auf Irrwegen. Mit dieser Botschaft dringt die Geschichte von Parzival auch in unserer Zeit in das Schicksal der einzelnen Menschen. Der „Unerfahrene" lernt, dass er ohne auf sein Herz zu hören, verloren sein muss. Ihm hilft einer – der klüger ist – nicht unterzugehen in Wahnsinn und Verzweiflung.

Du gehst einen Weg – wohin wird er dich führen? Du fühlst deine Sehnsucht – wohin wird sie dich leiten? Du verfolgst deine Ziele – warum willst du sie erreichen?

Da ist ein anderer auf seinem Weg. Eure Wege kreuzen sich und trennen sich wieder. Da ist einer, der geht hinter dir auf deinem Weg her. Doch er geht nicht neben dir, denn du bist schneller als er. Ein anderer Weg geht parallel zu deinem, nur ihr trefft euch nicht.

Jemand liebt dich, du ihn nicht. Jemand hasst dich, obwohl du ihn liebst. Wenn zwei einander lieben, verbinden sich ihre Wege. Die Liebe bringt sie zusammen. Woher kommt die Liebe?

2.3. **DIE SZENISCHE HANDLUNG**
Sein Bemühn für selbstverständlich halten
ist wie ein Fluch und doch Gewohnheit.
Bemühen, das ist Eigenheit
und niemals automatisches Verhalten.

Und Freude kann ich nur bewahren, wenn
ich das Bemühn zu schätzen weiß, mit dem
ich meinen Weg gestalte und mein Tun.
Wie kann ich anders in mir selber ruhn?

Das zu begreifen fordert Achtung sehr.
Nur kommt sie nicht alleine her,
nein, ich muss fragen, was das Herz bewegt.

In meinen Herzensfragen liegt der Weg,
in ihnen finde ich die ganze Kraft
für Glück, Zufriedenheit und Meisterschaft.

2.4. DAS SCHAUSPIEL

„Der Erfahrene" und „der Unerfahrene" stehen in der Auseinandersetzung miteinander. Der eine kämpft um sein Überleben, der andere trägt ihm das zu, was er braucht, um zu lernen sich zu behaupten. Ein ergreifendes Schicksal, in dem es um alles geht, was einen Menschen leben lassen will. Abgründe tun sich auf... und dabei die Erinnerungen an die Zeit, als der Unerfahrene nach dem Vorbild der Erwachsenen lebte, seinen Eltern und Lehrern. Was war da falsch gelaufen?

2.5. DER KOMPONIST

Kalisto, alias Uwe Friedemann, wurde 1962 im schwäbischen Bad Urach geboren. Während seiner Kindheit erlernte er Geige und Klavier, später auch Gesang. Seine ersten Kompositionsversuche machte er mit 10 Jahren. Als Autodidakt beschäftigte er sich zunächst mit dem Arrangieren von Tanzmusik und gründete mit 16 Jahren eine Band. Bei der in drei Jahren auf 50 Musiker anwachsenden Gruppe fand sein kompositorischer Drang ersten großen Niederschlag.

Während seines Studiums, das Uwe Friedemann mit Schwerpunkt Gesang bei Kammersänger Heinz Hoppe an der Musikhochschule in Mannheim absolvierte, bekam er wesentliche Impulse für seine kompositorische Entwicklung durch die intensive Beschäftigung mit den Werken der großen Meister. Deren geistige Kraft zu verbinden mit den harmonischen Errungenschaften des Jazz und der elementaren Rhythmik moderner Musik, ist für ihn Zentrum der Arbeit. Dabei spielt der Gesang eine wesentliche Rolle.

Uwe Friedemann: „Musikalisch wertvolle Traditionen und die Extreme der musikalischen Entwicklungen des 20. Jahrhunderts miteinander in Verbindung zu bringen, erfordert sowohl ein geschultes kompositorisches Können als auch die starke Bereitschaft, die Herzenswärme in den Gedanken zu pflegen. In diesem Sinne zu arbeiten bedeutet Überwindung des Abgrundes zwischen Gefühl und Verstand und führt zu den Quellen des Menschseins".

2.6. BESETZUNG

Die Musik kann entweder nur mit Sprecher oder in Verbindung mit einer szenischen Handlung aufgeführt werden, wobei die Rolle des Sprechers dabei unverändert bleibt. Natürlich können manche der Lieder auch einzeln vorgetragen werden.

Die Möglichkeit, sowohl mit Klavier als auch mit Orchester aufzutreten, macht das Werk vielfältig verwendbar. Dadurch, dass die szenische Handlung getrennt von der Musik erarbeitet werden kann, gewinnt WEGE DER HOFFNUNG an einfacher Handhabung. Die Sänger singen nur, die Schauspieler spielen nur. Das Werk kann gleichermaßen im Theater wie in Schulen und Freizeitchören gespielt werden.

1 Sprecher, 1 Soloalt, 1 Solosopran,
60 Chorsängerinnen: Sopran 1, 2, Alt 1, 2

2 Flöten, 2 Oboen d´amore (nur zur Not Oboe verwenden, Noten verfügbar), 2 Klarinetten in B, 2 Fagotte,

2 Hörner in F, 2 Trompeten in B, 2 Pauken in D tief und A (ab Nr. 8 in Des tief und As), Schlagzeug mit Hi-hat, kleiner Trommel, Fußtrommel, 3 Tomtoms, gewölbtem Nietenbecken, flachem Nietenbecken (für Pauken und Schlagzeug ein gemeinsamer Spieler),

10 erste Geigen, 8 zweite Geigen, 6 Bratschen, 6 Celli, 4 fünfsaitige Kontrabässe (falls nicht verfügbar, viersaitige), 1 Flügel

2.7. VERLAG
Siehe Literaturverzeichnis

3. SELBSTACHTUNG NACH UWE FRIEDEMANN ®

3.1. Die vorangehende Forschungsarbeit zum Thema Selbstachtung bietet die Möglichkeit zu einer Grund legenden Erneuerung im Umgang mit sich selbst und in der Gestaltung unserer gesellschaftlichen Verhältnisse. Der Wert der Erneuerung liegt begründet im Wesen und Wirken der Selbstachtung. Wer dieses Buch sorgfältig gelesen und bearbeitet hat, dem dürfte das klar sein.

3.2. Eine der größten Aufgaben besteht darin, Selbstachtung als Lebensweg einerseits selbst zu verwirklichen, andererseits zu lehren und für Gemeinschaften nutzbar zu machen.

3.3. Umso wichtiger ist es, dass unter dem Namen „Selbstachtung" kein Unfug getrieben wird und damit ihre Bedeutung in Verruf gerät. Dieser Gefahr zu begegnen hält der Verfasser für seine Pflicht.

3.4. Aus den genannten Gründen wird er ein Zertifikat erarbeiten, welches als Nachweis dafür dient, Selbstachtung in dem Sinne umzusetzen und zu lehren, wie sie im vorliegenden Buch dargestellt ist. Dafür wird das Markenzeichen „Selbstachtung nach Uwe Friedemann ®" verwendet.

3.5. Auf der Grundlage einer umfassenden Prüfung kann das Zertifikat erworben werden. Es kann eingesetzt werden als Qualitätsmerkmal für Berater, Lehrer, Therapeuten, Schulen, Praxen, Firmen und deren Mitarbeiterführung.

3.6. Das Zertifikat bietet Kunden - welche die Arbeit von dergestalt ausgezeichneten Anbietern in Anspruch nehmen - die Sicherheit, dass hier in einer Weise vorgegangen wird, für die sich der Verfasser persönlich verbürgen kann.

3.7. Bei Interesse an einem Zertifikat wenden Sie sich bitte an den Verlag.

XXVII. Dank

Größter Dank geht an Frau Dr. med. Kresse, die dem Verfasser über viele Jahre hinweg in der freien Zusammenarbeit am Thema Selbstachtung mit Rat und Tat zur Seite gestanden ist. Ohne sie wäre diese Veröffentlichung kaum möglich geworden, da sich durch die Zusammenarbeit eine Verbindung zwischen dem künstlerischen Ansatz des Verfassers mit dem wissenschaftlichen Ansatz der Neurologin und Psychotherapeutin ergeben hat. In der Verbindung beider Ansätze liegt die Möglichkeit, die Auseinandersetzung, welche zwischen Gefühl und Verstand über die Selbstachtung abläuft, in so mannigfacher Weise zu verfolgen, dass daraus ein besonders reicher Erfahrungsschatz entsteht. Aus diesem schöpfen sowohl das Bühnenwerk WEGE DER HOFFNUNG ODER PARZIVAL IN DIESER ZEIT, als auch das vorliegende Buch.

Dank meinen Freunden Jutta Fuchs und Hermann Kopf, die durch ihre Mitarbeit dazu beigetragen haben, dass die Gedankengänge verständlich sind. Ebenso meinem Bruder, Wolfram Ehrenfried, meiner Frau, Katharina Hommes, meinen Kindern für ihr lebendiges Beispiel, und allen, die sonst mitgeholfen haben: beim Besprechen der Gedanken Evelyn Siegert, Philipp Kuhn, Sandra Krämer-Hagmaier, Robert Schmitt, Claudia Heitzer, Harald Hornyak; beim Schreiben Anne Walaschek und Ulrike Merkel.

XXVIII. Literaturverzeichnis

Die Musik Johann Sebastian Bachs, urheberrechtlich frei, daher bei verschiedenen Musikverlagen erhältlich, legte den Grundstock für dieses Buch.

Johann Wolfgang von Goethe: Faust, erster Teil; Verlag C.H. Beck, München 1978

Friedrich Schiller: Die Worte des Glaubens. Aus: Schiller. Ein Lesebuch für unsere Zeit; Aufbau-Verlag, Berlin und Weimar 1984

Kurt Eigl: Nordische Götter- und Heldensagen, Parzival; Verlag Kremayr & Scheriau, Wien 1953

Valborg Werbeck-Svärdström: Die Schule der Stimmenthüllung; Philosophisch-Anthroposophischer Verlag, Dornach/Schweiz 1975

Rudolf Steiner: Wie erlangt man Erkenntnisse der höheren Welten?; Rudolf Steiner Nachlassverwaltung, Dornach/Schweiz 1995

Rudolf Steiner: Die Philosophie der Freiheit; Rudolf Steiner Verlag, Dornach/Schweiz 1981

Uwe Friedemann: Die Gesangslehre von Valborg Werbeck-Svärdström und ihre Bedeutung für die Sängerausbildung; Kalisto Media Verlag (Veröffentlichung in Vorbereitung)

Kalisto: Wege der Hoffnung oder Parzival in dieser Zeit; Musical für Solisten, Frauenchor und Orchester; Kalisto Media Verlag, Nussloch bei Heidelberg 2005

Uwe Friedemann: Berufsorientierung im Einklang zwischen Individuum und Gesellschaft. Ein praktischer Leitfaden. Kalisto Media Verlag (Veröffentlichung in Vorbereitung)

Uwe Friedemann: Selbstachtung auf dem Weg in eine neue Zeit; Kalisto Media Verlag (Veröffentlichung in Vorbereitung)